AF523026

Holzbackofen Kochbuch

Die leckersten & abwechslungsreichsten Rezepte für Ihren Holzbackofen

Markus Wurps

Email: info@edition-lunerion.de
www.edition-lunerion.de

Psiana eCom UG
Berumer Str. 44
26844 Jemgum

Vorwort

Es gibt Holzofenpizza! Diese Ankündigung lockt Groß und Klein in Windeseile an den Tisch, allerdings kennt man einen solchen Genuss meist nur aus dem Italienurlaub oder einem wirklich guten Restaurant. Bis jetzt! Denn tatsächlich können Sie den weltweit geliebten Klassiker im entsprechendem Ofen ganz einfach auch zuhause zubereiten – und darüber hinaus noch zahlreiche weitere Köstlichkeiten!

Über Holzfeuer zubereitet Speisen haben einen einzigartigen Geschmack, der sich durch nichts anderes erreichen lässt. Wer Pizza, Focaccia, Baguette & Co. einmal auf diese Art gebacken genossen hat, für den sind die Ergebnisse eines üblichen Ofenrohrs nur noch trauriger Abklatsch. Das wussten bereits Römer, Griechen und sogar Ägypter und die Jahrtausende haben aus der Holzofenküche eine wahre Kunst gemacht, die mittlerweile zahlreiche überraschende Blüten treibt.

Denn beim Holzofen denkt man nicht unbedingt an Allgäuer Käsespätzle, Schweinebraten oder Kaiserschmarrn, aber tatsächlich lassen sich diese und zahlreiche weitere Gerichte hervorragend auf diese Art zubereiten und erhalten vom Holz ein unvergleichliches Aroma. Das ist eine Kunst für sich? Auf jeden Fall eine, die sie selbst ganz einfach zuhause erlernen können! Welche Modelle und Möglichkeiten des Backens und Kochens mit Holz es gibt, worauf Sie bei Ihrem eigenen Holzofen achten müssen und was Sie alles Leckeres in diesem faszinierenden Traditionsofen zaubern können, zeigt Ihnen nun dieses vielfältige Kochbuch!

INHALT

Einleitung

GESCHICHTE DES HOLZBACKOFENS

Die ersten Öfen entstanden schon vor sehr langer Zeit: Als die Menschen sesshaft wurden, wurden die ersten Öfen gebaut. Zuerst röstete der Mensch Getreidekörner, dann entstand Fladen und vor ungefähr 6000 Jahren das erste Brot. Seit diesem Zeitpunkt haben sich Menschen aller Kulturen darum bemüht, das Brotbacken zu verbessern.

Im alten Ägypten wurden die ersten Brotbacköfen gebaut. Sie bestanden aus einem Deckel und einer Glocke aus Lehm oder Erde. In diese Öfen wurde der Teig hinein gelegt, der so zum ersten Mal von oben und unten gleichzeitig gebacken wurde. Später wurde dieses erste Modell eines Ofens zum ersten „Tandur", ein fassförmiger Ofen aus Ton, verbessert. Heute wird diese Art des Ofens vor allem in Pakistan für das Naan-Brot verwendet.

Später haben die Griechen den ersten modernen Ofen mit Holzfeuerung erfunden – der hat sich in 2000 Jahren kaum verändert. Die Griechen hatten die Idee, den Tandur hinzulegen, sodass sich die Öffnung auf der Vorderseite befindet. Der Ofen war so viel leichter zu benutzen. Im weiteren Schritt fügten sie noch eine Sohle hinzu, um das Feuer anzuzünden, und schließlich wurde das Feuer nach dem Aufheizen herausgenommen, um die Lebensmittel nur durch Wärmestrahlung zu garen.

Die Römer übernahmen die griechischen Öfen und entwickelten sie weiter. Sie erfanden steinerne Drehmühlen und konnten damit sehr feines Mehl herstellen. Die Technik der Öfen selbst änderte sich nicht wesentlich,

allerdings kam ein wichtiger, neuer Wertstoff hinzu, aus dem die Öfen nun errichtet wurden: Ziegelstein aus Terrakotta. So entstanden die sogenannten „Römischen Backöfen“. Im römischen Reich entstanden die ersten richtigen Brotfabriken, damit die Großstädte versorgt werden konnten.

Im Mittelalter war das Brotbacken nur einem Ofenkoch erlaubt und die Öfen gehörten den Gutsherren. Allen anderen war das Backen untersagt. Diese Privilegien wurden in der Französischen Revolution abgeschafft und das Monopol der Ofenköche verschwand: Gemeindeöfen wurden weiterhin genutzt, allerdings wurden nun auch kleine Öfen für den Heimgebrauch erbaut. Diese Gemeinschaftsöfen findet man noch heute in einigen Dörfern. Einigen liegt es am Herzen, sie zu renovieren und wieder zum Leben zu erwecken.

Auch der Pizzaofen hat eine lange Tradition. Im 16. Jahrhundert wurde ein einfacher Fladen im Holzofen gebacken, um das Volk satt zu bekommen. Im 18. Jahrhundert wurde dieser Fladen mit Tomatensauce bedeckt. Schon damals war die Pizza eine Art Take-Away-Food. Sie wurde mit nach Hause genommen oder gleich auf der Straße verzehrt. Damals wie heute wird die Pizza wie Brot mit einer Holzschaufel in den Holzofen geschoben. Das Backen geht sehr schnell, meist dauert es keine zwei Minuten.

BACKEN MIT DEM HOLZBACKOFEN

Mit dem Holzbackofen können sie verschiedenste Gerichte zaubern. Daher finden Sie auch verschiedenste Ofenformen. Denn es lässt sich viel mehr backen als nur Pizza oder Flammkuchen – auch Aufläufe, Brot und Kuchen, einfach alles Erdenkliche! Je nach Ofenart wird entweder eine Kammer die ganze Zeit beheizt und gebacken wird in einer anderen oder es gibt nur eine Kammer, die aufgeheizt wird, anschließend wird die Glut entfernt und in der vorgeheizten Kammer wird gebacken.

Der Metallbackofen besteht aus Stahlblech und hat zwei Kammern. Die Backkammer hat zwei Backflächen aus feuerfestem Stein, die zusätzlich auch die Hitze speichern, was besonders gut für Pizza und Flammkuchen

ist. Wenn Sie in einem Metallofen ein Brotbackgewölbe einbauen, kann man auch dieses darin locker backen. Das Gewölbe ist notwendig, weil Brot lange hohe Hitze braucht, die in einem Metallofen ohne Gewölbe nicht gehalten werden kann.

Der Steinbackofen ist aus Ziegelsteinen gemauert und hat einen kombinierten Back- und Heizraum. Die Ziegelsteine nehmen die Hitze auf und geben sie dann während des Backens nach und nach ab. Dieser Ofen hält die Hitze also lange und ist deswegen sehr gut für zum Beispiel Brot geeignet.

Eine weitere Art des Holzbackofens ist der Kuppelofen. Er besteht, wie der Name schon sagt, aus einer Kuppel. Vorne befindet sich eine Röhre mit Feuerstelle und Kamin. Die Hitze bleibt in der Kuppel, wobei der Rauch aber durch den Kamin abzieht und das Essen nicht berührt. Der Kuppelofen kann also vorgeheizt werden, das Feuer kann aber auch durchgehend brennen.

Beheizt werden Holzbacköfen logischerweise mit Holz. Einige Modelle können auch mit Holzkohle oder Holzpellets befeuert werden. Wenn Sie normales Holz verwenden, schichten Sie es im Backofen auf, wie bei einem kleinen Lagerfeuer. Zum Anfeuern eignet sich vor allem Holzwolle, denn in ihr sind keine Giftstoffe enthalten. An Holz nehmen Sie am besten welches ohne Rinde, damit sich nicht so viel Rauch entwickelt.

Hat Ihr Ofen nur eine Kammer, dann heizen Sie diese auf die gewünschte Temperatur hoch. Achten Sie dabei darauf, dass sich kein schwarzer Rauch in der Backkammer befindet, der würde sich sonst auf das Essen absetzen!

Für die Pflege Ihres Holzbackofens beachten Sie am besten die Pflegehinweise des Herstellers. Holzbacköfen sind Wind und Wetter ausgesetzt und brauchen deswegen eine gründliche Pflege. Allgemein gilt, dass Sie Metallbacköfen bei Rostbefall abschleifen und lackieren sollten, um weitere Schäden zu vermeiden. Wenn Sie einen mit Lehm verputzten Kuppelofen haben, braucht dieser ein Dach oder einen Unterstand, damit Niederschlag die Kuppel nicht zerstört. Wenn Feuchtigkeit in die Kuppel eindringt, kann diese im Winter kaputt gehen. Das Gleiche gilt auch für andere verputzte Öfen: Hat der Putz Risse, müssen diese vor Wintereinbruch repariert werden. Hat der Ofen innen an Feuchtigkeit zugelegt, heizen Sie ihn mit kleinem Feuer langsam auf, damit die Feuchtigkeit abtrocknen kann.

VORTEILE EINES HOLZBACKOFENS

Der Holzbackofen bietet dank der hohen Temperaturen mehrere Backmöglichkeiten. Sie können eine Pizza in weniger als zwei Minuten realisieren.

Alle im Holzbackofen gebackenen Gerichte erhalten ein markantes, einzigartiges Aroma. Wenn Sie sich mit den Eigenschaften der verschiedenen Holzarten beschäftigen, können Sie zu jeder Speise eine zusätzliche Zutat hinzufügen: das Aroma des Holzes.

Der Holzbackofen braucht lange, um sich aufzuheizen, dafür speichert er die Wärme aber für mehrere Stunden und Sie können ihn für mehrere Gerichte auf einmal verwenden. Sie können sogar Ihr ganzes Menü darin zubereiten und verschwenden keine unnütze Energie!

Ein Holzbackofen lässt sich relativ unproblematisch reinigen. Sie müssen die Backfläche vor jedem Gebrauch fegen und regelmäßig Ruß entfernen – das war's auch schon!

ZUBEHÖR

Bevor es losgeht, zeigen wir Ihnen noch die wichtigsten Zubehörteile. Es gibt einige nützliche Dinge, die Ihnen die Arbeit mit dem Holzbackofen sehr erleichtern.

Am besten für das Zubereiten von Pizza und Flammkuchen eignet sich ein richtiger Pizzaschieber, mit dem Sie Ihre Backwaren sicher aus dem Ofen rein und raus bekommen. Die Schieber sind aus Holz oder Aluminium. Bemehlen Sie den Schieber leicht, legen Sie dann die Pizza darauf und mit einem Schwung werden sie in den Ofen befördert – wie in den Pizzawerbungen!

Für Brot brauchen Sie häufig das schon erwähnte Brotbackgewölbe, da zum Beispiel bei einem Metallbackofen die Isolierung fehlt, um die Hitze lange genug zu halten. Dafür gibt es extra aus feuerfestem Stein angefertigte Einsätze, die die Hitze im Ofen halten.

Zum Anzünden eignet sich am besten Anzündwolle. Diese besteht aus fein gehobelter Holzwolle und ist manchmal mit etwas Wachs behandelt. Sie brennt schnell und kommt ganz ohne giftige Zusatzstoffe aus.

Um die Temperatur in Ihrem Ofen regulieren zu können, eignet sich am besten ein Rauchrohrschieber im Kamin. So können Sie den Luftfluss regulieren und damit auch die Temperatur im Ofen. Dazu empfiehlt sich auch ein Garraumthermometer. Das ist wichtig, um die Temperatur im Ofen zu kontrollieren, damit Ihre leckeren Gerichte auch gelingen.

Und nun viel Spaß beim Austesten und Durchprobieren!

Guten Appetit!

Snacks & Fingerfood

MINI-FOCACCIA MIT FETA UND ROSMARIN

6 Port.

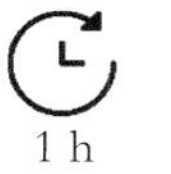
1 h
55 Min.

Leicht

Zutaten

150 g Dinkelmehl
225 g Weizenmehl
225 ml Wasser
20 g Frischhefe
10 g Salz
1 TL Honig
Olivenöl
150 g Feta
Rosmarin
Salz
Pfeffer

Nährwerte

386,9 kcal
45,7 g Kohlenhydrate
17,1 g Fett
11,1 g Eiweiß

1 Den Holzbackofen ungefähr zwei Stunden vor dem Backen auf 300 Grad vorheizen.

2 Verkneten Sie das Mehl mit dem Wasser, der Hefe, dem Honig und Salz für fünf Minuten, bis ein glatter Teig entsteht. Lassen Sie ihn dann 60 Minuten in einer Schüssel bei Raumtemperatur gehen.

3 Dehnen und falten Sie den Teig nach dem Gehen kurz, damit die Gase entweichen können. Teilen Sie ihn dann in sechs gleich große Teile Portionen. Formen Sie Kugeln und lassen Sie diese noch einmal für zehn Minuten gehen.

4 Formen Sie danach Fladen aus den Teigstücken und besprenkeln Sie diese mit Olivenöl.

5 Rupfen Sie den Feta klein und verteilen Sie ihn auf den Teigfladen. Bestreuen Sie die Foccacia anschließend mit Pfeffer, Salz und dem Rosmarin.

6 Schieben Sie die Foccacia in den Holzbackofen und backen Sie sie für fünf Minuten.

MINI-FOCACCIA MIT TOMATEN UND FRÜHLINGSZWIEBELN

6 Port. 1 h. 55 Min. Leicht

Zutaten

150 g Dinkelmehl
225 g Weizenmehl
225 ml Wasser
20 g Frischhefe
10 g Salz
1 TL Honig
Olivenöl
18 Cocktailtomaten
6 Frühlingszwiebeln
Pizzagewürz
Salz
Pfeffer

Nährwerte

355,7 kcal
50,6 g Kohlenhydrate
12,5 g Fett
8,0 g Eiweiß

1 Heizen Sie den Holzbackofen ungefähr zwei Stunden vor dem Backen auf 300 Grad vor.

2 Verkneten Sie das Mehl mit dem Wasser, der Hefe, dem Salz und dem Honig für fünf Minuten zu einem glatten Teig. Lassen Sie ihn dann 60 Minuten in einer Schüssel bei Raumtemperatur gehen.

3 Dehnen und falten Sie den Teig nach dem Gehen kurz, damit die Gase entweichen können. Teilen Sie ihn dann in sechs gleich große Portionen. Formen Sie Kugeln und lassen Sie diese noch einmal für zehn Minuten gehen. In diesen zehn Minuten können Sie die Cocktailtomaten halbieren und die Frühlingszwiebeln klein schneiden.

4 Nun formen Sie aus den Kugeln Teigfladen und besprenkeln sie mit Olivenöl. Drücken Sie die Tomatenhälften in den Teig und verstreuen Sie das Pizzagewürz darüber. Verteilen Sie dann die Frühlingszwiebeln und das Salz und Pfeffer darüber.

5 Schieben Sie die Focaccia in den Holzbackofen und backen Sie sie für fünf Minuten.

SPARGEL IM FILOTEIG

6 Port.

55 Min.

Leicht

Zutaten

10 Stangen grüner Spargel
2 EL Butter
10 Blätter Filoteig
2 EL Parmesan
Salz
Pfeffer
Sesam

Nährwerte

208,1 kcal
16,9 g Kohlenhydrate
14,0 g Fett
3,1 g Eiweiß

1 Bringen Sie den Holzbacken auf 200 Grad.

2 Kochen Sie Salzwasser auf und blanchieren Sie den Spargel darin für fünf Minuten. Sie können auch weißen Spargel nehmen, dann muss er allerdings etwas länger kochen.

3 Nehmen Sie den Teig aus der Packung und halbieren Sie jedes Teigblatt, sodass sie zehn Rechtecke erhalten.

4 Zerlassen Sie die Butter und bestreichen Sie die Blätter damit einseitig.

5 Legen Sie jeweils eine Spargelstange auf ein Teigblatt und würzen Sie es mit Salz und Pfeffer. Streuen Sie dann den Käse darüber und rollen Sie den Teig um die Stange. Bestreichen Sie die Rollen mit Butter und bestreuen Sie sie mit Sesam.

6 Backen Sie die Rollen für ca. 15 Minuten.

LAUGENZWERGE

6 Port.

40 Min.

Leicht

Zutaten

400 g Weizenmehl
25 g Roggenmehl
775 ml Wasser
20 g Butter
10 g Salz
0,5 g Trockenhefe
20 g Laugenperlen
grobes Salz oder Sesam

Nährwerte

264,8 kcal
49,5 g Kohlenhydrate
3,5 g Fett
7,4 g Eiweiß

1 Heizen Sie den Holzbackofen ungefähr zwei Stunden vor dem Backen auf 230 Grad.

2 Vermischen Sie am Vortag das Mehl, 275 ml Wasser, die Butter, das Salz und die Hefe und verkneten Sie alles gründlich für 3 Minuten zu einem Teig. Lassen Sie den Teig anschließend für 24 Stunden gehen.

3 Am nächsten Tag zerteilen Sie den Teig zu circa 73 g schweren Teigstücken und formen daraus dann Kugeln. Lassen Sie die Brötchen noch einmal für 90 Minuten gehen.

4 Bereiten Sie nun die Lauge vor. Ziehen Sie dafür am besten Handschuhe an. Geben Sie die Laugenperlen in 500 ml Wasser und rühren Sie so lange, bis das Wasser wieder klar ist.

5 Geben Sie nun jeden Teigling für 3 bis 4 Sekunden in die Lauge. Schneiden Sie anschließend ein bis zwei Mal tief in die Teiglinge und bestreuen Sie sie mit Salz oder Sesam.

6 Nach dem Belaugen backen Sie die Brötchen im Ofen für 10 Minuten.

GOLDLÖCKCHEN MIT SPUNDEKÄSE

18 Port.

1 h
15 Min.

Mittel

Zutaten

Schillerlockenformen
150 g Gelbweizenmehl
260 ml Wasser
20 ml neutrales Öl
2 g Salz
2 g Trockenhefe
Sesam
8 g Laugenperlen
100 g Frischkäse
25 g Joghurt
0,5 Schalotte
1,5 TL Paprikapulver
Salz
Pfeffer

Nährwerte

56,7 kcal
6,3 g Kohlenhydrate
2,6 g Fett
1,8 g Eiweiß

1 Den Holzbackofen auf 200 Grad vorheizen.

2 Geben Sie 60 ml Wasser in eine Schüssel und lassen Sie die Trockenhefe hinein rieseln. Wenn sie sich aufgelöst hat, fügen Sie das Gelbweizenmehl, das Salz und das Öl hinzu und kneten alles zu einem gleichmäßigen Teig.

3 Lassen Sie den Teig in einer Schüssel für 30 Minuten gehen. Rollen Sie anschließend den Teig zu einem ca. 20 x 27 cm Rechteck aus und schneiden Sie es dann mit einem Messer in 18 27 cm lange Streifen.

4 Bestreichen Sie die Schillerlockenformen mit etwas Öl, wickeln Sie dann jeweils einen Teigstreifen um eine Schillerlockenform und lassen Sie sie dann für 30 Minuten noch einmal gehen.

5 Laugen Sie die Goldlöckchen nun. Ziehen Sie dafür Handschuhe an, rühren Sie die Laugenperlen in 200 ml Wasser und warten Sie, bis das Wasser klar geworden ist.

6 Halten Sie die Schillerlockenform mit dem Teig für 4 Sekunden in die Flüssigkeit. Lassen Sie die Lauge abtropfen und besprenkeln Sie die Goldlocke dann mit Sesam. Backen Sie die Goldlöckchen für 15 Minuten.

7 In der Zwischenzeit hacken Sie die Schalotten klein und verrühren sie mit dem Frischkäse, dem Joghurt und den Gewürzen. Wenn die Goldlocken fertig sind, spritzen Sie die Käsefüllung vorsichtig hinein.

FLAMMKUCHEN-SCHNECKEN

4 Port. 30 Min. Leicht

Zutaten

1 Packung Blätterteig
200 g Schmand
6 Scheiben Schinken
5 Frühlingszwiebeln
100 g geriebener Käse
Salz
Pfeffer

Nährwerte

550,8 kcal
31,7 g Kohlenhydrate
34,8 g Fett
26,5 g Eiweiß

1 Den Holzbackofen zwei Stunden vor dem Backen auf 220 Grad bringen.

2 Rollen Sie den Teig auseinander und verteilen Sie den Schmand darauf. Lassen Sie am oberen Rand zwei Zentimeter frei, damit der Teig später beim Aufrollen zusammenklebt.

3 Schneiden Sie den Schinken in Streifen, verteilen Sie ihn gleichmäßig auf dem Teig und würzen Sie mit Salz und Pfeffer.

4 Die Frühlingszwiebeln in Ringe zerteilen und auf dem Teig verteilen.

5 Verteilen Sie nun den Käse über allem und rollen Sie den Teig vorsichtig von der kurzen Seite her auf.

6 Schneiden Sie die Rolle in gleichmäßige Scheiben.

7 Backen Sie die Flammkuchen-Schnecken dann für 15 Minuten.

BLÄTTERTEIG-QUADROLINOS

4 Port.

40 Min.

Leicht

Zutaten

1 Blätterteig
200 g Cocktailtomaten
1 Glas grünes Pesto
Milch zum Bestreichen

Nährwerte

391,5 kcal
36,6 g Kohlenhydrate
29,3 g Fett
4,5 g Eiweiß

1 Heizen Sie ca. 2 Stunden vor dem Backen den Holzbackofen auf 180 Grad.

2 Rollen Sie den Blätterteig aus und schneiden Sie ihn in ca. 4 cm große Quadrate. Mit etwas Milch bestreichen.

3 Halbieren Sie die Cocktailtomaten und setzen Sie je eine Hälfte auf ein Blätterteig-Quadrat.

4 Backen Sie die Blätterteig-Quadrolinos für 15 bis 20 Minuten.

5 Lassen Sie sie anschließend etwas abkühlen und geben Sie dann auf jeden Tomatenhälfte etwas Pesto.

OLIVENSCHNECKEN MIT FETA UND BASILIKUM

4 Port. | 1 h. 40 Min. | Leicht

Zutaten

300 g Weizenmehl
1 Prise Zucker
0,5 Hefewürfel
6 EL Olivenöl
2 Eier
1 TL Salz
125 ml Wasser
100 g schwarze Oliven
100 g Mandeln
1 Bund Basilikum
200 g Quark
125 g Feta
1 Knoblauchzehe

Nährwerte

861,7 kcal
60,2 g Kohlenhydrate
55,2 g Fett
27,3 g Eiweiß

1 Heizen Sie ca. 2 Stunden vor dem Backen den Holzbackofen auf 220 Grad.

2 Verrühren Sie den Zucker mit dem Wasser. Die Hefe darin auflösen lassen.

3 Das Mehl in eine Schüssel geben. Mit Salz, einem Ei und dem Olivenöl verrühren und dann die Hefe-Wassermischung dazugeben. Alles zu einer Kugel verkneten.

4 Lassen Sie den Teig gehen, bis er sich deutlich vergrößert hat, und bereiten Sie in der Zeit die Füllung vor.

5 Waschen Sie den Basilikum und schälen Sie den Knoblauch.

6 Hacken Sie die Oliven, die Mandeln, die Knoblauchzehe und den Basilikum fein. Verrühren Sie alles anschließend mit dem zweiten Ei, dem Fetakäse und dem Quark. Mit Salz abschmecken.

7 Rollen Sie den Hefeteig rechteckig aus und verstreichen Sie die Füllung darauf. Rollen Sie den Teig dann von der langen Seite her auf.

8 Schneiden Sie den Teig in 2 bis 3 cm dicke Scheiben und legen Sie diese auf ein Backblech. Noch einmal 15 bis 20 Minuten ruhen lassen.

9 Lassen Sie die Schnecken für 15-20 Minuten backen.

PIZZA-RÖLLCHEN

8 Port.

60 Min.

Leicht

Zutaten

1 Paprika
1 Zwiebel
200 g Speckwürfel
250 g Quark
300 g Weizenmehl
200 g geriebener Käse
50 g Öl
1 TL Salz
1 Packung Backpulver
1 TL Zucker
1 EL Pizzagewürz

Nährwerte

370,5 kcal
31,8 g Kohlenhydrate
18,5 g Fett
18,1 g Eiweiß

1 Heizen Sie ca. 2 Stunden vor dem Backen den Holzbackofen auf 180 Grad.

2 Die Paprika und Zwiebel in Würfel schneiden.

3 Verkneten Sie alle übrigen Zutaten zu einem Teig. Geben Sie das Gemüse und den Speck hinzu und mischen Sie alles gründlich unter.

4 Formen Sie kleine Bällchen und backen Sie sie für 15 Minuten.

WÜRSTCHEN IM PIZZATEIG

10 Port. 30 Min. Leicht

Zutaten

1 Packung Pizzateig
10 Würstchen
3 bis 4 El Tomatensoße
50 g geriebener Käse
1 Eigelb
1 TL Kümmel
1 TL Sesam
1 TL Chiasamen

Nährwerte

346,2 kcal
19,3 g Kohlenhydrate
22,6 g Fett
16,1 g Eiweiß

1 Heizen Sie ca. 2 Stunden vor dem Backen den Holzbackofen auf 180 Grad.

2 Rollen Sie den Pizzateig aus und schneiden Sie ihn in 10 gleichgroße Streifen.

3 Bestreichen Sie den Teig mit der Tomatensoße und streuen Sie den Käse darüber.

4 Legen Sie eine Wurst mit dem Ende leicht schräg auf ein Teigstück und rollen Sie den Teig spiralförmig darum.

5 Bestreichen Sie die Teigrollen mit dem Eigelb und bestreuen Sie sie nach Belieben mit Chiasamen, Eigelb und Kümmel.

6 Backen Sie die Teigrollen für 15 Minuten.

Hauptgerichte mit Fleisch

EIN BLECH FÜR ALLES

4 Port.

75 Min.

Leicht

Zutaten

3 Paprika
1 Gemüsezwiebel
700 g Schweine-nackensteak
200 g Reis
1 Knoblauchzehe
200 g griechischer Joghurt
5 Stiele Petersilie
750 ml Wasser
3 EL Olivenöl
1 EL Gemüsebrühe
2 EL Ajvar
1 EL Honig
Salz, Pfeffer, Rosen-paprika

Nährwerte

750 kcal
55 g Kohlenhydrate
38 g Fett
41 g Eiweiß

1 Heizen Sie ca. 2 Stunden vor dem Backen den Holzbackofen auf 210 Grad.

2 Die Paprika und Zwiebel in Scheiben schneiden.

3 Tupfen Sie das Fleisch trocken und schneiden Sie auch dieses in Streifen.

4 Mischen Sie Gemüse und Fleisch mit Salz, Pfeffer, Paprikapulver, 2 EL Öl und dem Honig zusammen.

5 Auf einem Backblech alles verteilen und für 30 Minuten backen.

6 Verrühren Sie das Wasser mit dem Ajvar und der Brühe. Geben Sie den Reis zusammen mit der Flüssigkeit zu dem Fleisch und Gemüse im Ofen und lassen Sie alles eine weitere halbe Stunde backen.

7 Hacken Sie den Knoblauch klein und verrühren Sie ihn zusammen mit dem Öl und dem Joghurt.

8 Hacken Sie die Petersilie, streuen Sie sie über das Reisfleisch und reichen Sie den Joghurt als Beilage.

KÜRBISQUICHE

8 Port.

2 h.

Mittel

Zutaten

250 g Vollkornmehl
150 g Butter
3 Eier
1 TL Salz
0,25 TL Muskat
0,25 TL Paprikapulver
700 g Hokkaido-Kürbis
200 g Speck
2 Schalotten
1 Knoblauchzehe
100 ml Gemüsebrühe
150 g Crème fraîche
120 g Gruyére
2 EL Kürbiskerne
2 EL Öl
0,25 Bund Thymian
Pfeffer, Salz, Zucker

Nährwerte

561,2 kcal
32,6 g Kohlenhydrate
39,5 g Fett
16,7 g Eiweiß

1 Heizen Sie den Holzbackofen auf 280 Grad vor.

2 Aus der Butter, einem Ei, dem Mehl, Salz, Muskat, Paprikapulver und 2 EL Wasser kneten Sie einen Mürbeteig. Den Mürbeteig zu einer Kugel kneten und für eine halbe Stunde kühlstellen.

3 Den Kürbis in eine Schüssel reiben. Knoblauch und Zwiebel klein hacken und den Speck fein würfeln. Kürbis, Knoblauch und Zwiebel in einer Pfanne anbraten. Mit Pfeffer, Salz, Zucker und gehacktem Thymian abschmecken. Mit Brühe aufgießen und für 20 Minuten zugedeckt garen lassen.

4 Eine Springform mit Butter einfetten.

5 Teig ausrollen, den Formboden damit auslegen und einen etwa 3 cm hohen Rand formen. Für 5 Minuten kaltstellen.

6 Die restlichen Eier mit dem geriebenen Käse, den Kürbiskernen und Crème fraîche unter die Kürbismasse heben. Mit Pfeffer, Salz und Zucker abschmecken.

7 Alles auf dem Teigboden verteilen und die Quiche für 35 bis 40 Minuten backen.

PULLED PORK

10 Port.

30 Min.
Marinierzeit:
24 h
Garzeit:
16-18 h

Leicht

Zutaten

2,5 kg Schweinefleisch
Sonnenblumenöl
1 EL Salz
1 EL Rohrzucker
1 EL Pfeffer
1 EL Paprikapulver
1 EL Chilipulver
1 EL Senfpulver
1 EL Knoblauchpulver
1 EL Rosmarin
1 EL Zwiebelpulver
1 EL Thymian
1 EL Oregano
100 ml Apfelessig
200 ml Apfelsaft
3 EL Sojasoße
3 EL Honig

Nährwerte

441,4 kcal
11,8 g Kohlenhydrate
19,0 g Fett
54,4 g Eiweiß

1 Legen Sie das Schweinefleisch in eine große Auflaufform und bestreichen Sie es großzügig mit Öl.

2 Bereiten Sie nun die Trockenmarinade aus Salz, Zucker, Pfeffer, Paprika, Chili, Senf, Knoblauch, Zwiebel, Rosmarin, Thymian und Oregano zu. Massieren Sie diese Gewürzmischung von außen in das Fleisch ein.

3 Wickeln Sie das Fleisch gut in Folie ein und lassen Sie es 12 bis 24 Stunden im Kühlschrank ziehen.

4 Am nächsten Tag heizen Sie ca. 2,5 Stunden vor dem Backen den Holzbackofen auf 220 Grad vor.

5 Legen Sie das Fleisch zurück in die Auflaufform und lassen Sie es im Ofen 16 bis 18 Stunden garen. Wenn ungefähr zwei Drittel der Zeit vorbei ist, bestreichen Sie das Fleisch mit einer Mischung aus Apfelsaft und -essig, Sojasoße und Honig im 30-Minuten-Takt.

6 Lassen Sie das Fleisch nach der Garzeit noch einmal für eine Stunde in Alufolie garen.

7 Zerrupfen Sie danach das Fleisch, das geht am besten mit Fleischkrallen.

Tipp: Lecker schmeckt Pulled Pork auf Brötchen mit Krautsalat!

SCHWEINELENDE IM KRÄUTERMANTEL

4 Port. 60 Min. Marinierzeit: 8 h Leicht

Zutaten

1 Schweinelende
1 Bund Petersilie
¼ Bund Thymian
¼ Bund Rosmarin
4 Scheiben trockenes Brot
100 g geriebener Käse
2 EL Senf
2 EL Olivenöl
Salz, Pfeffer, Olivenöl

Nährwerte

569,6 kcal
22,8 g Kohlenhydrate
29,7 g Fett
50,1 g Eiweiß

1 Befreien Sie die Schweinelende von Haut- und Sehnenresten. Würzen Sie es rundum gut mit Pfeffer und Salz und reiben Sie die Gewürze gut ein.

2 Mit der Hälfte der Kräuter, dem Olivenöl und dem Senf eine Marinade herstellen und mit der Lende zusammen in einen Gefrierbeutel füllen.

3 Lagern Sie die Lende über Nacht im Gefrierbeutel im Kühlschrank.

4 Heizen Sie den Holzbackofen auf 320 Grad vor.

5 Zerkleinern Sie die restlichen Kräuter mit dem trockenen Brot und dem Käse zu Semmelbröseln. Geben Sie zum Schluss noch etwas Olivenöl und Salz hinzu.

6 Panieren Sie das Fleisch gründlich mit der Kräuterpanade und schieben Sie es dann für 25-30 Minuten in den Ofen..

REHRÜCKEN MIT NUSSKRUSTE

6 Port.

40 Min.
Kühlzeit:
2 h

Mittel

Zutaten

900 g Rehrücken
1 EL Walnüsse
1 EL Pistazien
1 EL Mandeln
1 EL Pinienkerne
2 EL Pinienkerne
2 EL Haselnüsse
200 g Semmelbrösel
2 Eigelb
150 g Butter
Salz, Pfeffer

Nährwerte

603,4 kcal
25,3 g Kohlenhydrate
37,5 g Fett
40,0 g Eiweiß

1 Heizen Sie den Holzbackofen auf 280 Grad vor.

2 Würfeln Sie für die Nusskruste die Butter und lassen Sie sie etwas weich werden. Hacken Sie währenddessen die Nüsse mit den Semmelbröseln fein.

3 Dann die Nussmischung mit dem Eigelb, dem Salz und der Butter zu einer Masse verkneten.

4 Formen Sie die Masse zu einer Rolle und legen Sie sie in Frischhaltefolie eingepackt für 2 Stunden in den Kühlschrank.

5 Den Rehrücken für 10 Minuten im Ofen backen. Schneiden Sie die Nusskruste in feine Scheiben und legen Sie sie auf den Rehrücken. Noch einmal für 5 Minuten weiter backen.

SCHWEINEBRATEN

4 Port.

2 h. 20 Min.

Leicht

Zutaten

1 kg Schweinebauch
500 g Schweinebraten
4 Fleischknochen
2 Zwiebeln
3 Karotten
3 Knoblauchzehen
2 EL Kümmel
1 TL Oregano
1 TL Majoran
1 TL Paprikapulver
1 Bund Petersilie
250 ml Brühe
300 ml Bier
0,5 Kartoffel
Salz und Pfeffer

Nährwerte

763,7 kcal
15,0 g Kohlenhydrate
37,3 g Fett
84,8 g Eiweiß

1 Das Fleisch vor der Zubereitung aus dem Kühlschrank nehmen. Den Holzbackofen auf 180 Grad vorheizen.

2 Reiben Sie das Fleisch mit einer halbierten Knoblauchzehe ein und würzen Sie es dann mit Pfeffer, Salz, Oregano, Kümmel, Majoran und Paprika.

3 Legen Sie das Fleisch mit der Schwartenseite in eine Bratreine und gießen Sie so viel Wasser ein, bis die Schwarte bedeckt ist. Verschließen Sie die Bratreine gut mit Alufolie und geben Sie es in den vorgeheizten Ofen. Lassen Sie es 30 bis 40 Minuten backen.

4 Schälen und vierteln Sie in der Zwischenzeit die Zwiebeln, schälen Sie die Karotten und schneiden Sie sie in ca. 3 cm lange Stücke. Schälen Sie auch den restlichen Knoblauch.

5 Nehmen Sie nun das Fleisch aus dem Ofen und schneiden Sie das Rautenmuster in die Schwarte. Mit dieser nach oben das Fleisch zurück in den Bräter legen. Dazu kommt das Gemüse und der Fleischknochen. So kommt es wieder in den Ofen.

6 Beim Backen sollte nicht zu viel Flüssigkeit im Bräter sein, damit ein Bratansatz entsteht. Gießen Sie aber regelmäßig Brühe nach, damit das Fleisch und Gemüse nicht komplett trocken zerfällt.

7 Alle 15 Minuten mit der Soße im Bräter übergießen. Nach einer Stunde geben Sie keine Brühe mehr hinzu, sondern nur noch Bier. Wenden Sie das Gemüse regelmäßig.

8 Das Fleisch ist je nach Dicke ungefähr nach 2 Stunden fertig.

Tipp: Besonders lecker schmecken dazu Semmel- oder Kartoffelknödel.

COQ AU VIN

6 Port.

2 h.

Mittel

Zutaten

1,3-1,5 kg Hähnchenschenkel
200 g Karotten
200 g Knollensellerie
200 g Schalotten
100 g Champignons
200 ml Rotwein
300 ml Geflügelfond
200 ml Sauce Demi Glace
Salz, Pfeffer, Zucker
Etwas Mehl

Nährwerte

594,5 kcal
6,0 g Kohlenhydrate
31,7 g Fett
64,7 g Eiweiß

1 Heizen Sie den Holzbackofen auf 235 Grad vor.

2 Salzen Sie das Fleisch und braten Sie es in einem Bräter scharf an.

3 Stellen Sie das Fleisch beiseite und braten Sie nun die gewürfelten Karotten, Sellerie und Zwiebeln in dem Bräter an.

4 Bestäuben Sie nun das Gemüse mit etwas Mehl und stellen Sie so eine braune Mehlschwitze her. Löschen Sie das Gemüse mit Rotwein ab und geben Sie das Fleisch wieder hinzu.

5 Gießen Sie nun den Fond und die Soße dazu und schmecken Sie alles mit Zucker und Salz ab.

6 Den Topf mit geschlossenem Deckel für eine Stunde in den Ofen stellen. Dann die Champignons dazugeben und alles ohne Deckel noch 30 bis 45 Minuten weiter schmoren lassen.

WILDSCHWEINKEULE MIT DÖRROBSTSOẞE

6 Port. | 3 h-20 Min. | Mittel

Zutaten

1,4 kg Frischlingskeule ohne Knochen
350 g Zwiebeln
3 EL Öl
1 EL Tomatenmark
100 g Speck
2 Lorbeerblätter
1 Zweig Rosmarin
10 Wacholderbeeren
0,5 TL Muskat
1 TL Kümmel
1 TL Piment
600 ml Wildfond
200 ml Rotwein
90 g getrocknete Feigen
130 g getrocknete Birnen
25 g getrocknete Kirschen
10 g Mehl
10 g Butter
Pfeffer, Salz, Zucker
Küchengarn

Nährwerte

617,3 kcal
13,4 g Kohlenhydrate
34,5 g Fett
54,6 g Eiweiß

1 Heizen Sie den Holzbackofen auf 260 Grad vor. Würfeln Sie die Zwiebeln grob und schneiden Sie den Speck in feine Streifen. Verschnüren Sie die Keule mit Küchengarn und salzen Sie sie.

2 Braten Sie das Fleisch in einem Bräter von allen Seiten kräftig an und nehmen Sie es dann heraus. Rösten Sie dann in dem Bräter Speck und Zwiebeln an und geben Sie Rosmarin, Wacholder, Lorbeer, Kümmel, Piment und Muskat dazu

3 Löschen Sie alles mit Rotwein ab und gießen Sie Wildfond dazu. Das Fleisch zurück in den Bräter legen und für 90 Minuten im Ofen garen.

4 Danach für weitere 40 bis 50 Minuten im offenen Bräter garen und gelegentlich mit dem Fond im Bräter übergießen.

5 Die Trockenfrüchte ungefähr eine halbe Stunde vor Ende der Garzeit in den Bräter geben. Verkneten Sie die Butter und das Mehl miteinander und stellen Sie das Gemisch kalt.

6 Das Fleisch nach Ende der Garzeit aus dem Bräter nehmen, im Ofen aber warm halten. Stellen Sie die Früchte beiseite und kochen Sie die Soße mit der Mehlbutter auf. Lassen Sie sie danach für weitere 5 Minuten köcheln und geben Sie dann das Obst hinzu.

7 Schneiden Sie die Wildschweinkeule in Scheiben, legen Sie sie zurück in den Bräter und servieren Sie sie sofort.

PORCHETTA

8 Port.

3 h.

Leicht

Zutaten

2,5 kg Schweinebauch
100 g Salz
120 g Paprikapulver, scharf
100 g brauner Zucker
40 g Knoblauch
20 g Paprikapulver geräuchert
80 g Pfeffer
40 g Senfkörner
Füllung nach Belieben (z. B. Käse, Bärlauch, Schinken, Frühlingszwiebeln...)

Nährwerte

873,6 kcal
25,2 g Kohlenhydrate
70,0 g Fett
33,1 g Eiweiß

1 Heizen Sie den Holzbackofen auf 270 Grad vor.

2 Entfernen Sie Knorpel und Knochen vom Fleisch und schneiden Sie es in der Mitte der Fettschicht auf. So lässt es sich aufklappen.

3 Würzen Sie den Schweinebauch auf der Innenseite. Füllen Sie ihn dann nach Geschmack mit der Füllung Ihrer Wahl. Rollen Sie dann den Schweinebauch fest auf, dabei die Schwarte nach außen drehen.

4 Mit einem Bratenfaden die Porchetta anschließend fixieren und in einen Bräter legen. Diesen mit ca. 2 cm Salzwasser füllen.

5 Lassen Sie die Porchetta nun für ca. 30 Minuten bei 270 Grad im Salzwasser köcheln. Dabei immer wieder drehen.

6 Nach einer halben Stunde die Porchetta mit der Schwarte nach oben drehen und so ca. 2,5 Stunden im Ofen garen lassen.

SCHICHTFLEISCH

14 Port. 3 h. Mittel

Zutaten

3,5 kg Schweinerücken
750 g Bacon
6 Paprika
3 Knoblauchzehen
3 Zwiebeln
500 g Scheibenkäse
Frische Kräuter
Öl
100 g Salz
100 g brauner Zucker
120 g Paprikapulver
20 g Paprikapulver (geräuchert)
80 g Pfeffer
80 g Zwiebelpulver
40 g Knoblauch
40 g Senfkörner

Nährwerte

692,1 kcal
18,5 g Kohlenhydrate
31,8 g Fett
78,6 g Eiweiß

1 Heizen Sie den Holzbackofen auf 230 Grad vor.

2 Die Kräuter und den Knoblauch fein hacken. Beide mit Öl mischen.

3 Schneiden Sie das Schweinefleisch in sehr dünne Scheiben (max. 1 cm) und marinieren Sie es mit der Gewürzmischung und dem Kräuteröl.

4 Die Zwiebel und Paprika in Ringe schneiden.

5 Ölen Sie den Bräter leicht und legen Sie ihn mit Bacon aus. Das Gemüse, Fleisch und den Käse jetzt im Bräter schichten.

6 Legen Sie noch eine Schicht Bacon zum Schluss über die geschichteten Zutaten und geben Sie den Bräter für 3 Stunden in den Ofen.

Hauptgerichte mit Fisch

HEIẞGERÄUCHERTER LACHS

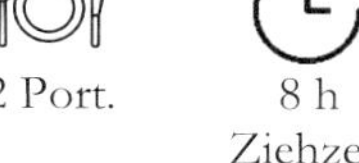

2 Port.

8 h Ziehzeit
30 Min Räucherzeit

Schwer

Zutaten

400 g Lachsstücke mit Haut
1 l Wasser
60 g Salz
Pfeffer, Wacholderbeeren

Nährwerte

424,4 kcal
1,6 g Kohlenhydrate
26,0 g Fett
46,0 g Eiweiß

1 Geben Sie Salz, Pfeffer und Wacholderbeeren ins Wasser und verrühren Sie alles für die Salzlake. Lassen Sie über Nacht den Fisch im Kühlschrank ziehen.

2 Heizen Sie den Holzbackofen am nächsten Tag auf 90 bis 110 Grad vor.

3 Trocknen Sie den Lachs ab und legen Sie ihn auf ein Lochblech mit Dauerbackfolie.

4 Verfeinern Sie ihn wie gewünscht: mit Zitrone, Pfeffer oder auch ganz naturbelassen.

5 Zum Räuchern setzen Sie den Smokereinsatz ein und befüllen ihn mit Buchen- und Wacholdermehl.

6 Räuchern Sie den Lachs darin für etwa 25 bis 30 Minuten, bis die Kerntemperatur des Fisches bei 55 bis 60 Grad liegt.

Tipp: Den Smokereinsatz und das Buchen- und Wacholdermehl können Sie in Fachmärkten kaufen oder online bestellen.

PASTAPÄCKCHEN MIT GARNELEN

4 Port.

40 Min.

Mittel

Zutaten

Butcherpaper
400 g Vollkornnudeln
100 g frischer Bärlauch
50 ml Olivenöl
20 g Pinienkerne
20 g Parmesan
3 mittelgroße Tomaten
3-4 Stangen Spargel
240 ml Gemüsebrühe
240 ml Weißwein
6-8 Riesengarnelen
Salz, Pfeffer, frische Kräuter

Nährwerte

592,9 kcal
69,3 g Kohlenhydrate
17,8 g Fett
36,8 g Eiweiß

1 Heizen Sie den Ofen auf 250 Grad vor. Kochen Sie die Nudeln nur für eine Minute in Salzwasser.

2 Für das Bärlauchpesto rösten Sie die Pinienkerne leicht an und lassen sie kalt werden. Den Bärlauch, die Pinienkerne, den Parmesan und etwas von dem Öl mit einem Mörser zerkleinern. Geben Sie dann das übrige Öl hinzu, vermischen Sie alles und schmecken Sie es dann mit Salz und Pfeffer ab.

3 Für die Pastapäckchen schneiden Sie das Butcherpaper in 40 x 40 cm große Quadrate.

4 Waschen und schälen Sie den Spargel und dämpfen Sie ihn in Wasser mit Salz, Zucker, Butter und den Spargelschalen. Dann schneiden Sie ihn in kleine Stücke.

5 Würfeln Sie die Tomaten, dämpfen Sie sie in Olivenöl und löschen Sie mit der Gemüsebrühe ab. Geben Sie den Weißwein und 2/3 des Pestos dazu. Wenden Sie die vorgegarten Nudeln in dem Gemüse.

6 Geben Sie einen Esslöffel Olivenöl auf jedes Butcherpaper-Quadrat, setzen Sie die Nudeln und die Spargelstücke darauf und verteilen Sie den restlichen Sud darüber. Bestreichen Sie die Garnelen mit Pesto und legen Sie sie auf die Nudeln.

7 Binden Sie das Butcherpaper mit Küchengarn zu und backen Sie das Ganze für 25 Minuten.

Tipp: Das Butcherpaper ist ein wunderbarer Ersatz für Alufolie. Sie können es im Fachmarkt und auch in einigen Supermärkten finden.

GEFÜLLTE TINTENFISCHE MIT REISCRACKER

5 Port.

70 Min.

Leicht

Zutaten

5 mittelgroße Tintenfische
50 g Heringe
150 g Reis
3 Scheiben Brot
80 g Mehl
20 g Butter
50 g helles Bier
40 g Pinienkerne
2 Eiweiß
2 Tomaten
1 EL Paniermehl
1 Schalotte
1 Knoblauchzehe
1,5 EL Trockenhefe
n. B. Weißwein
n. B. Olivenöl
Salz, Pfeffer, Thymian

Nährwerte

422,0 kcal
46,9 g Kohlenhydrate
11,3 g Fett
30,6 g Eiweiß

1 Heizen Sie den Holzbackofen auf 180 Grad vor. Kochen Sie den Reis für 10 Minuten. Vermischen Sie ihn dann mit Thymian, Bier, Mehl, Hefe, Eiweiß, Pinienkernen, Salz und Pfeffer.

2 Geben Sie die Tomaten in kochendes Wasser und köcheln sie kurz. Häuten und hacken Sie die Tomaten danach.

3 Braten Sie die Schalotte in Butter für ca. 2 Minuten und schmecken Sie sie mit Salz und Pfeffer. Geben Sie anschließend die Tomaten hinzu und lassen Sie alles für 5 Minuten kochen.

4 Weichen Sie das Brot in Wasser ein und geben Sie es zu den Tomaten. Alles mit etwas Weißwein ablöschen und für ein paar Minuten kochen lassen. Den Topf anschließend vom Herd nehmen und das Paniermehl untermischen.

5 Geben Sie die Mischung in einen Spritzbeutel und füllen Sie die Tintenfische damit.

6 Legen Sie die Tintenfische zusammen mit der Knoblauchzehe in eine eingefettete Auflaufform und begießen sie das Ganze mit 2 EL Weißwein. Alles für 20 Minuten bei 180 Grad backen.

7 Für die Reiscracker die Reismischung zu Oblaten formen und in eine weitere mit Öl gefettete Auflaufform legen. Backen Sie sie für einige Minuten mit im Ofen.

FLADEN MIT TINTENFISCH UND KARTOFFELN

2 Port.

15 Min.

Leicht

Zutaten

1 Packung Pizzateig
300 g Tintenfisch
300 g Pellkartoffeln
1 Glas grünes Pesto

Nährwerte

566,9 kcal
69,8 g Kohlenhydrate
19,5 g Fett
26,3 g Eiweiß

1 Heizen Sie den Holzbackofen auf 330 Grad vor.

2 Kneten Sie den Pizzateig zu einer Kugel und rollen Sie sie neu auf einem eingefetteten Backblech aus.

3 Backen Sie den Fladen für 5 Minuten.

4 Kochen Sie den Tintenfisch, bis er gar ist. Schneiden Sie die Pellkartoffeln in kleine Würfel und vermischen Sie sie mit dem Tintenfisch.

5 Legen Sie den fertigen Fladen auf einen Teller, bestreichen Sie ihn mit dem Pesto und legen Sie dann den Tintenfisch und die Kartoffeln darauf.

GEGRILLTE THUNFISCHTRANCHE

1 Port.

10 Min.

Leicht

Zutaten

1 Thunfischtranche
Himalaya-Kristallsalz

Nährwerte

410,1 kcal
0,0 g Kohlenhydrate
17,7 g Fett
62,7 g Eiweiß

1 Heizen Sie den Holzbackofen so vor, dass Sie Glut zum Grillen haben.

2 Legen Sie die Glut auf ein Blech und die Thunfischtranche auf ein Grillrost darüber.

3 Grillen Sie den Thunfisch pro Seite für 5 Minuten.

4 Ist der Fisch gar, schmecken Sie ihn mit Salz ab.

Tipp: Dazu schmecken besonders gut Ofenkartoffeln und verschiedene Soßen wie Aioli.

GEBACKENE DORADE

2 Port.

30 Min.

Leicht

Zutaten

1 Dorade
300 g Cherry-Tomaten
1 Petersilienbüschel
2 Knoblauchzehen
2 EL Olivenöl
ein halbes Glas Wasser
ein halbes Glas Wein
Salz, Pfeffer

Nährwerte

553,6 kcal
9,4 g Kohlenhydrate
26,2 g Fett
59,8 g Eiweiß

1 Heizen Sie den Holzbackofen auf 200 Grad vor.

2 Füllen Sie die Dorade mit einer Knoblauchzehe und etwas Petersilie.

3 Halbieren Sie die Tomaten, geben Sie sie in eine Auflaufform und legen Sie die Dorade darauf. Geben Sie das Öl, das Wasser und den Wein zu dem Fisch.

4 Backen Sie den Fisch für 20 bis 25 Minuten. Damit der Fisch nicht verbrennt, können Sie die Dorade mit Alufolie abdecken.

Tipp: Dazu schmecken Salzkartoffeln besonders gut.

WOK-GEMÜSE MIT FISCH

6 Port.

8 h
Ziehzeit
30 Min
Zubereitung

Leicht

Zutaten

2 Paprika
1 Zucchini
1 Aubergine
1 Zwiebel
1 Karotte
400 g gekochte Nudeln
200 ml Kokosmilch
20 ml Sesamöl
Frische Kräuter
Salz, Pfeffer, Zucker
Sojasauce
Currypulver, Paprikapulver
Senfkörner
Tomatenmark
Balsamicoessig
10 Black Tiger Garnelen
Olivenöl
frische Petersilie
1 kleine Chili
1 Knoblauchzehe
1 Zitrone

Nährwerte

570,9 kcal
57,0 g Kohlenhydrate
16,5 g Fett
45,5 g Eiweiß

1 Hacken Sie den Knoblauch, die Chili und die Kräuter fein und vermischen Sie alles mit dem Olivenöl.

2 Pressen Sie die Zitrone aus und geben Sie den Saft und den Zitronenabrieb dazu. Den Zitronensaft zu dem Olivenöl-Gemisch geben.

3 Die Garnelen in die Marinade legen und über Nacht im Kühlschrank ziehen lassen.

4 Heizen Sie am nächsten Tag den Holzbackofen auf 200 Grad vor und backen Sie die Garnelen darin, bis sie gar sind.

5 Schneiden Sie das Gemüse in grobe Stücke und würzen Sie es.

6 Braten Sie das Gemüse im Wok in Öl an und löschen Sie es mit Kokosmilch ab. Geben Sie die gekochten Nudeln dazu und schmecken Sie es mit den Gewürzen ab.

7 Geben Sie die Garnelen zu dem Gemüse.

KARTOFFEL-ZUCCHINI-LACHS-QUICHE

6 Port.

40 Min.

Leicht

Zutaten

400 g Kartoffeln
450 g fertiger Blätterteig
1 EL Weizenmehl
400 g Zucchini
150 g Lachs
4 Eier
250 g Schmand
1 TL Meerrettich
20 g Salz
5 g Pfeffer
Dill und Schnittlauch

Nährwerte

541,4 kcal
43,1 g Kohlenhydrate
33,2 g Fett
15,8 g Eiweiß

1 Heizen Sie den Holzbackofen auf 270 Grad vor.

2 Kochen Sie die Kartoffeln mit Schale, pellen Sie sie dann und schneiden Sie sie in Scheiben.

3 Den Blätterteig ausrollen und anschließend in eine gefettete Springform geben. Die Ränder des Teiges leicht andrücken.

4 Den Dill fein hacken und die Zucchini in Streifen schneiden.

5 Die Eier, den Schmand, den Dill, den Schnittlauch und den Meerrettich verrühren und würzen.

6 Die Zucchini, die Kartoffeln und den Lachs in die Springform geben und mit der Schmand-Eier-Mischung bedecken. 25-30 Minuten backen.

MEDITERRANER ROTBARSCH

4 Port. 40 Min. Leicht

Zutaten

1 ganzer Rotbarsch
2 große Tomaten
1 Knoblauchzehe
1 große Zucchini
2 Zweige Thymian
2 Zweige Rosmarin
etwas Zitronenmelisse
1 TL Salz
Pfeffer
n. B. Limettensaft

Nährwerte

245,4 kcal
2,9 g Kohlenhydrate
8,4 g Fett
39,1 g Eiweiß

1 Heizen Sie den Holzbackofen auf 220 Grad vor.

2 Waschen Sie den Rotbarsch und säuern Sie ihn etwas mit Limettensaft. In die Pfanne legen.

3 Halbieren Sie die Tomaten, waschen Sie die Zucchini und schneiden Sie sie in dünne Scheiben. Beides neben dem Rotbarsch verteilen.

4 Würzen Sie alles mit Pfeffer, Salz und der gehackten Knoblauchzehe.

5 Verschließen Sie die Pfanne mit einem Deckel und stellen Sie sie in den Ofen.

6 Lassen Sie den Fisch für 30 Minuten garen.

Tipp: Dazu schmecken Baguette und ein grüner Salat.

WOLFSBARSCH IM SALZMANTEL

4 Port.

30 Min.

Leicht

Zutaten

1 küchenfertiger Wolfsbarsch
2 Zitronen
1 Limette
2 kg Meersalz
100 ml Olivenöl
1 Zweig Rosmarin
etwas Pfeffer

Nährwerte

443,0 kcal
1,2 g Kohlenhydrate
31,5 g Fett
38,3 g Eiweiß

1 Heizen Sie den Holzbackofen auf 250 Grad vor.

2 Füllen Sie eine Auflaufform etwa 1 cm hoch mit Salz und feuchten es etwas an.

3 Spülen Sie den Fisch kalt ab, tupfen Sie ihn dann trocken und beträufeln Sie ihn innen und außen mit Zitronensaft. Geben Sie etwas Pfeffer, Salz und den Rosmarin in den Bauch.

4 Legen Sie den Wolfsbarsch auf das Salzbett und belegen Sie ihn mit der in Scheiben geschnittenen Limette. Bedecken Sie alles mit Salz, das Sie vorher leicht angefeuchtet haben. Dabei soll die Salzhülle nicht in das Innere des Fisches gelangen!

5 Schieben Sie die Auflaufform in den Ofen. Nach 15 Minuten den Fisch näher an die Tür ziehen und bei ungefähr 100 Grad für weitere 15 Minuten garen lassen.

Tipp: Dazu schmecken besonders gut Baguette und Salat mit Rucola. Das Dressing sollte nicht zu dominant sein, um den Fisch nicht geschmacklich zu übertrumpfen.

Vegetarische Hauptgerichte

ALLGÄUER KÄSESPÄTZLE

6 Port.

90 Min.

Mittel

Zutaten

Für die Spätzle:
600 g Dinkelmehl
9 Eier
120 ml Mineralwasser
10 g Salz

200 g Emmentaler
200 g Bergkäse
6 Zwiebeln
100 g Butter

Nährwerte

844,6 kcal
73,6 g Kohlenhydrate
43,8 g Fett
36,4 g Eiweiß

1 Heizen Sie den Holzbackofen auf 220 Grad vor.

2 Schneiden Sie die Zwiebeln in Ringe und hobeln Sie sie dünn. Die Hobel mit einer Prise Zucker und Salz würzen. In der Butter langsam anschwitzen lassen und für ca. 45 Minuten bräunlich braten.

3 Währenddessen verarbeiten Sie das Mehl, die Eier, das Wasser und das Salz zu einem Teig und lassen ihn für 10 Minuten ruhen.

4 Salzwasser erhitzen. Sobald es kocht, drücken Sie den Teig durch eine Spätzlepresse und geben die Spätzle in kochendes Wasser. (Alternativ können Sie natürlich auch fertige Spätzle verwenden)

5 Geben Sie die fertigen Spätzle in eine Auflaufform. Reiben Sie den Käse und verrühren Sie ihn mit den Spätzle. Wirkt das Gemisch für Sie zu trocken, geben Sie einfach etwas Kochwasser dazu.

6 Die Käsespätzle mit Salz und Pfeffer abschmecken und zum Schluss die Zwiebeln darüber geben. Lassen Sie die Käsespätzle abgedeckt für 20 bis 30 Minuten backen.

GEFÜLLTE TOMATEN

4 Port.

30 Min.

Leicht

Zutaten

400 g Reis
8 mittelgroße Tomaten
140 ml Gemüsebrühe
80 g Couscous
80 g Feta
2 Knoblauchzehen
2 Basilikumzweige
50 g schwarze Oliven
50 ml Balsamico
50 ml Olivenöl
Salz, Pfeffer, Chilipulver

Nährwerte

547,1 kcal
57,0 g Kohlenhydrate
29,6 g Fett
10,7 g Eiweiß

1 Heizen Sie den Holzbackofen auf 270 Grad vor.

2 Kochen Sie den Reis gar.

3 Schneiden Sie den oberen Teil der Tomate wie einen Deckel ab und höhlen Sie sie vorsichtig mit einem Löffel aus.

4 Kochen Sie die Gemüsebrühe auf und gießen Sie sie über den Couscous. Lassen Sie diesen für 5 Minuten ziehen.

5 Würfeln Sie den Knoblauch fein, den Feta grob zerstückeln und die Oliven hacken.

6 Den Couscous mit Knoblauch, Oliven, Feta, gezupften Basilikumblättern, Balsamico und Olivenöl vermischen.

7 Schmecken Sie alles mit Chilipulver, Pfeffer und Salz ab. Die Couscous-Mischung in die Tomaten füllen, den Deckel wieder auflegen und im Ofen für 6-8 Minuten backen. Mit dem Reis zusammen servieren.

RATATOUILLE

4 Port.

60 Min.

Leicht

Zutaten

1,5 Zucchini
1 Aubergine
4 Tomaten
2 EL Tomatenmark
1 Dose Tomaten
4 EL Olivenöl
1 Knoblauchzehe
Basilikum, Rosmarin, Thymian, Salz, Pfeffer, Zucker

Nährwerte

216,1 kcal
13,8 g Kohlenhydrate
15,4 g Fett
4,2 g Eiweiß

1 Heizen Sie den Holzbackofen auf 235 Grad vor.

2 Stellen Sie mit den Dosentomaten, dem Tomatenmark, dem Knoblauch und den Kräutern ein Tomatenpüree her. Schmecken Sie es mit Olivenöl, Salz, Pfeffer und Zucker ab.

3 Geben Sie einen Teil des Pürees in eine Auflaufform und bedecken Sie den Boden damit.

4 Schneiden Sie das Gemüse in 2 mm dicke Scheiben und schichten Sie es abwechselnd in das Tomatenpüree. Verteilen Sie nun das Püree noch etwas am Rand und benetzen Sie das Gemüse mit etwas Salz und Olivenöl.

5 Backen Sie das Ratatouille für 35-45 Minuten im Ofen.

KARTOFFELGRATIN

4 Port.

2 h.

Leicht

Zutaten

800 g mehlig-kochende Kartoffeln
250 ml Milch
500 ml Sahne
2 Knoblauchzehen
etwas Parmesan
Pfeffer, Salz, Muskat
1 Zweig Thymian
1 Zweig Rosmarin

Nährwerte

535,0 kcal
42,1 g Kohlenhydrate
34,5 g Fett
11,6 g Eiweiß

1 Heizen Sie den Holzbackofen auf 250 Grad vor.

2 Geben Sie Milch und Sahne in einen Topf und kochen Sie beides mit dem Thymian und dem Rosmarin auf. Schmecken Sie es mit Pfeffer, Salz, Muskat und Knoblauch ab und lassen Sie das Ganze für 10 weitere Minuten einkochen.

3 Hobeln Sie die geschälten Kartoffeln in 2 mm dicke Scheiben und schichten Sie sie in eine gebutterte Auflaufform wie Dachziegel.

4 Gießen Sie die reduzierte Sahne über die Kartoffeln und lassen Sie das Gratin für 90 Minuten im Ofen ausbacken.

5 Nun den frisch geriebenen Parmesan über das Gratin geben und für weitere 10 Minuten backen lassen.

KRAUTKRAPFEN

6 Port.

2,5 h.

Mittel

Zutaten

Für den Nudelteig:
600 g Weizenmehl
5 g Salz
5 Eier

2 Zwiebeln
1,4 kg Sauerkraut
400 g Räuchertofu
5 Wacholderbeeren
2 Lorbeerblätter
Pfeffer, Salz, Zucker
Butterschmalz
Stärke
Gemüsebrühe

Nährwerte

553,5 kcal
73,7 g Kohlenhydrate
13,2 g Fett
28,1 g Eiweiß

1 Heizen Sie den Holzbackofen auf 230 Grad vor.

2 Für den Nudelteig die Zutaten vermengen, zu ca. 150 mm breiten Bahnen pressen und aufrollen. Für 18 Krapfen benötigen Sie 6 Bahnen mit einer Länge von jeweils ca. 50 cm.

3 Für die Füllung die Zwiebeln im Butterschmalz glasig dünsten. Den Räuchertofu in kleine Würfel schneiden und mit den anderen Zutaten zu den Zwiebeln geben. Alles für etwa 1,5 Stunden kochen lassen und mit allen Gewürzen gut abschmecken. Wenn Ihnen das Kraut dann noch zu feucht erscheint, können Sie es mit Stärke in Wasser gelöst leicht abbinden.

4 Die abgekühlte Krautfüllung auf den ausgerollten Nudelplatten verteilen. Dann die Nudelplatten aufrollen und in drei Teile (ca. 5 cm breit) zerschneiden.

5 Erhitzen Sie währenddessen einen Bräter im Ofen. Setzen Sie die Rolle mit der Schnittstelle nach oben mit Butterschmalz in den heißen Bräter.

6 Die Krautkrapfen leicht anbraten lassen und mit der Gemüsebrühe aufgießen (etwa 1 cm hoch). Den Bräter mit einem Deckel verschließen und für 10-15 Minuten im Ofen köcheln lassen. Ist die Flüssigkeit verdampft, drehen Sie die Krapfen einmal auf die andere Schnittstelle und gießen wieder 1 cm mit Brühe auf. Setzen Sie den Deckel wieder auf den Bräter und lassen Sie alles für weitere 10-15 Minuten kochen. Zum Schluss noch einmal mit Butterschmalz anbraten.

VEGETARISCHE LASAGNE

6 Port.

70 Min.

Leicht

Zutaten

500 g Nudelplatten
500 g Veggie-Hack oder Soja-Granulat
50 g Butterschmalz
50 g Zwiebel
50 g Karotten
50 g Knollensellerie
50 g Lauch
1 Knoblauchzehe
300 ml passierte Tomaten
125 ml Gemüsebrühe
60 g Butter
60 g Mehl
500 ml Milch
150 g Mozzarella
100 g Parmesan
Salz, Pfeffer, Zucker, Muskat

Nährwerte

684,6 kcal
58,8 g Kohlenhydrate
31,5 g Fett
38,7 g Eiweiß

1 Heizen Sie den Holzbackofen auf 230 Grad vor.

2 Braten Sie das Veggie-Hack in einem Topf mit dem Butterschmalz an.

3 Die Zwiebeln, Karotten, Sellerie, Knoblauch und den Lauch in gleich große Würfel schneiden, zum Veggie-Hack geben und zusammen anbraten. Mit Salz, Pfeffer und Zucker abschmecken.

4 Löschen Sie alles mit Gemüsebrühe und den passierten Tomaten ab und lassen Sie es für 30 Minuten köcheln. Bei Bedarf noch einmal nachwürzen.

5 Zerlassen Sie die Butter in einem Topf. Geben Sie unter ständigem Rühren Mehl dazu und stellen Sie so eine Mehlschwitze her. Dann unter Rühren die Milch langsam hinzugeben und für 10 Minuten kochen lassen. Die Soße mit Pfeffer, Salz, Muskat und Zucker abschmecken.

6 Gießen Sie etwas Hacksoße in eine Auflaufform und legen Sie die erste Schicht Nudelplatten darauf, dann eine Schicht Hacksoße und eine Schicht Béchamelsoße darüber geben, anschließend wieder eine Lage Nudelplatten. So weiter machen, bis die Auflaufform voll ist. Mit Nudelplatten abschließen.

7 Bedecken Sie die Lasagne mit Mozzarellascheiben und geriebenem Parmesan. Für 40 Minuten backen.

PIDE MIT SPINAT UND SCHAFSKÄSE

4 Port.

1 h.
20 Min.

Mittel

Zutaten

250 ml Milch
40 g frische Hefe
600 g Mehl
50 g Margarine
200 g Spinat
4 Eier
1 Eigelb
250 g Schafskäse
1 Zwiebel
1 Knoblauchzehe
Salz, Pfeffer, Zucker

Nährwerte

944 kcal
112,4 g Kohlenhydrate
36,7 g Fett
38,1 g Eiweiß

1 Heizen Sie den Holzbackofen auf 200 Grad vor.

2 Margarine, Milch und eine Prise Zucker langsam erwärmen. Darin dann die Hefe auflösen.

3 Geben Sie 1 TL Salz, Mehl und 2 Eier in eine große Schüssel. Die Milch mit der Hefe dazugeben und einen glatten Teig herstellen. 30 Minuten ruhen lassen.

4 Hacken Sie den Spinat fein und geben Sie die zerhackte Knoblauchzehe und die zerhackten Zwiebeln dazu. Würfeln Sie den Schafskäse und vermengen Sie ihn mit dem Spinat in einer Schüssel. Mit Pfeffer und Salz würzen.

5 Aus dem Teig 4 Kugeln formen, oval ausbreiten und auf 2 Bleche verteilen.

6 In die Teigmitte füllen Sie jeweils ein Viertel der Spinat-Käse-Mischung. Die Ränder des Teiges nach oben klappen, aber die Füllung dabei nicht komplett bedecken.

7 1 EL Milch mit dem Eigelb vermischen und damit den Teig bestreichen. Die letzten 2 Eier aufschlagen und über der Füllung verteilen. Backen Sie die Pide für 20 Minuten.

GEFÜLLTER BUTTERNUT-KÜRBIS

6 Port.

70 Min.

Leicht

Zutaten

1 Butternut-Kürbis
3 Frühlingszwiebeln
200 g Kräuterfrischkäse
100 g Emmentaler
2 TL Gemüsebrühe
1 Knoblauchzehe
Salz, Pfeffer
Schnittlauch, Rosmarin, Basilikum

Nährwerte

326,7 kcal
49,3 g Kohlenhydrate
7,3 g Fett
14,4 g Eiweiß

1 Heizen Sie den Holzbackofen auf 220 Grad vor.

2 Halbieren Sie den Kürbis und schaben Sie die Kerne mit einem Esslöffel aus.

3 Stellen Sie aus dem Olivenöl und der Gemüsebrühe eine Marinade her und bepinseln die Kürbishälften von allen Seiten damit. Pfeffern und salzen sie ihn gut und garen Sie ihn für 20 bis 30 Minuten im Ofen.

4 Währenddessen die Frühlingszwiebeln und Kräuter hacken und den Knoblauch dazu pressen. Geben Sie alles mit dem Kräuterfrischkäse in eine Schüssel, aber noch nicht verrühren.

5 Ist die obere Schicht vom Kürbis weich, nehmen Sie ihn mit der Form aus dem Ofen. Scharben Sie das Weiche aus dem Kürbis und geben Sie es zu der Kräutermischung. Jetzt alles verrühren.

6 Verteilen Sie die Mischung auf beide Kürbishälften und schieben Sie sie in den Ofen. Nach etwa 15 Minuten Backzeit den Käse darüber streuen und für weitere 15 bis 20 Minuten backen.

SCHICHTGEMÜSE

4 Port.

55 Min.

Leicht

Zutaten

6 Blätter Chinakohl
1 Zucchini
1 Spitzpaprika
250 g Champignons
3 große Tomaten
1 Dose Kokosmilch
1 Zwiebel
5 Eier
Salz, Pfeffer, Chilipulver, Paprikapulver, Majoran

Nährwerte

394,9 kcal
13,2 g Kohlenhydrate
31,2 g Fett
11,9 g Eiweiß

1 Heizen Sie den Holzbackofen auf 200 Grad vor.

2 Schneiden Sie den Chinakohl in schmale Streifen und die Zucchini, Paprika, Tomaten und Champignons in dünne Scheiben.

3 Fetten Sie eine Auflaufform ein und legen Sie die Chinakohlscheiben auf den Boden der Form. Auf diese dann die Zucchinischeiben legen, darauf die Paprika und Champignons schichten und zum Schluss alles mit den Tomatenscheiben abdecken.

4 Vermischen Sie für die Soße die Kokosmilch, die Eier, die klein gehackte Zwiebel und die Gewürze in einer Schüssel und geben Sie alles über das Gemüse.

5 Das Schichtgemüse für 30-40 Minuten backen.

Tipp: Dazu schmeckt Reis besonders gut.

GEFÜLLTE ZUCCHINI

4 Port.

60 Min.

Leicht

Zutaten

4 Zucchini
2 Karotten
2 Paprika
3 Schalotten
2 Knoblauchzehen
200 g Champignons
8 Fleischtomaten
4 Basilikumzweige
2 EL Olivenöl
400 g Feta
100 g geriebener Hartkäse
Salz, Pfeffer
n. B. Kräuter (wie Oregano oder Thymian)
n. B. Wasser, Sojasauce, Gemüsebrühe

Nährwerte

540,2 kcal
20,7 g Kohlenhydrate
33,7 g Fett
33,4 g Eiweiß

1 Heizen Sie den Holzbackofen auf 200 Grad vor.

2 Die Zucchini der Länge nach halbieren und mit einem Löffel behutsam aushöhlen. Das Innere der Zucchini würfeln. Das andere Gemüse auch würfeln. Hacken Sie die Zwiebel, den Knoblauch und die Kräuter fein. Feta in kleine Würfel zerbröseln und den Käse reiben.

3 Die Tomaten, den Knoblauch und die Schalotten in eine Pfanne geben und in Olivenöl anschwitzen. Das Ganze 10 Minuten köcheln lassen. Mit Pfeffer, Salz und Basilikum abschmecken. Diese Masse in eine Auflaufform geben.

4 Das restliche Gemüse in heißem Öl anschwitzen und mit etwas Wasser (wenn Sie möchten, auch mit Sojasauce, Gemüsebrühe oder Weißwein) ablöschen. Das Ganze mit frischen Kräutern abschmecken und vom Herd nehmen. In die warme Masse die Fetawürfel unterheben.

5 Zucchinihälften auf die Tomatenmasse in der Auflaufform legen und die Füllung in die Zucchinis verteilen. Den geriebenen Käse über den Zucchinis verteilen. Für eine halbe Stunde backen.

Tipp: Dazu schmeckt Reis und Zaziki sehr gut!

Vegane Hauptgerichte

SCHMORGEMÜSE

4 Port. 50 Min. Leicht

Zutaten

5 Möhren
4 Zwiebeln
1 Süßkartoffel
2-3 Rote Beeten
5 Knoblauchzehen
2-3 EL Öl
1 EL getrocknete Kräuter
30 g Haselnüsse
Salz und Pfeffer

Nährwerte

322,2 kcal
40,8 g Kohlenhydrate
12,9 g Fett
6,2 g Eiweiß

1 Heizen Sie den Holzbackofen auf 200 Grad vor.

2 Schälen Sie die Möhren, Zwiebeln und die Süßkartoffel. Die Möhren längs halbieren, die Zwiebeln vierteln und die Süßkartoffel in Spalten schneiden. Die Rote Bete halbieren oder vierteln.

3 Den Knoblauch ungeschält mit dem Handballen zerdrücken.

4 Alles Gemüse auf einem Blech verteilen, Öl darüber träufeln und mit Pfeffer, Salz und den getrockneten Kräutern abschmecken.

5 Lassen Sie das Gemüse für 35 Minuten backen.

6 Hacken Sie die Haselnüsse grob und rösten Sie sie ohne Fett. Das Gemüse mit den Nüssen garniert servieren.

Tipp: Für den fruchtigen Kick können Sie einige Trauben hinzufügen!

GEMÜSEAUFLAUF

4 Port.

60 Min.

Leicht

Zutaten

20 kleine Kartoffeln
4 große Zucchini
3 Paprika
6 Zwiebeln
6-8 Knoblauchzehen
Olivenöl
n. B. Schnittlauch, Lauch
Pfeffer, Paprikapulver, Salz

Nährwerte

461,9 kcal
88,5 g Kohlenhydrate
1,9 g Fett
14,3 g Eiweiß

1 Heizen Sie den Holzbackofen auf 280 Grad vor.

2 Kochen Sie die Kartoffeln gar.

3 Würfeln Sie alle Zutaten und schichten Sie sie dann abwechselnd in eine gefettete Auflaufform.

4 Beträufeln Sie alles mit Olivenöl und würzen Sie nach Bedarf.

5 Streuen Sie nach Geschmack noch Schnittlauch und Lauch über den Auflauf.

6 Für 30 Minuten backen.

GEMÜSE PAELLA

6 Port.

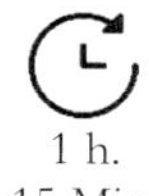
1 h. 15 Min.

Leicht

Zutaten

200 g Reis
700 ml heiße Gemüsebrühe
2 rote Zwiebeln
2-3 Knoblauchzehen
1-2 g Safran
1 Lauchstange
100 g grüne Bohnen
100 g grüne TK-Erbsen
150 g Champignons
30 g getrocknete Tomaten
2 Paprika
0,5 Glas Artischocken-Herzen
0,5 Glas Kichererbsen
1-2 EL Tomatenmark
1 Chilischote
1 TL Cumin
2 TL Paprikapulver
1 TL Kurkuma
2-3 EL Olivenöl
1 Bio-Zitrone
Salz, Pfeffer

Nährwerte

131,8 kcal
21,1 g Kohlenhydrate
1,3 g Fett
5,7 g Eiweiß

1 Heizen Sie den Holzbackofen auf 200 Grad vor.

2 Schneiden Sie die Zwiebeln und den Knoblauch in feine Scheiben und das Gemüse sowie die getrockneten Tomaten in kleine Stücke.

3 Die Zitrone in Scheiben und die Scheiben in Viertel schneiden. Die Hälfte als Dekor zur Seite stellen.

4 Vermischen Sie die Gemüsebrühe mit den Gewürzen.

5 Den Reis, Zwiebeln, Knoblauch, Öl, getrocknete Tomaten und Zitronenstücke auf ein tiefes Backblech geben und mit der Gemüsebrühe bedecken. Je nach Reisart für 15-20 Minuten im Ofen backen.

6 Nach ungefähr 15 Minuten die Champignons, Paprika, Artischocken und Kichererbsen hinzugeben.

7 Die Paella mit Backpapier oder Alufolie bedecken und für weitere 20 Minuten backen.

8 Vor dem Servieren mit Salz, Pfeffer und je nach Geschmack mit Zitronensaft abschmecken.

GEFÜLLTE OFEN-KARTOFFELN MIT VEGANEM KRÄUTERQUARK

5 Port.

70 Min.

Mittel

Zutaten

5 mehlige Kartoffeln
2 EL Öl
150 g Babyspinat
1 Zwiebel
150 g veganer geriebener Käse
200 g Champignons
125 g Cherrytomaten
Salz, Pfeffer, Sojasauce

Für den Quark:
250 g veganer Quark
Salz, Pfeffer
TK italienische Gewürze
1 Spritzer Zitronensaft

Nährwerte

263,5 kcal
19,8 g Kohlenhydrate
12,2 g Fett
16,8 g Eiweiß

1 Heizen Sie den Holzbackofen auf 200 Grad vor. Waschen Sie die Kartoffeln und stechen Sie sie einige Male mit einer Gabel ein. Nun die Kartoffeln mit etwas Öl bestreichen, in Alufolie verpacken und für 60 Minuten im Ofen backen, bis das Innere der Kartoffel weich ist.

2 In der Zwischenzeit 1 EL Öl erhitzen und die gehackte Zwiebel anbraten. Den Spinat hinzugeben und für 1 bis 2 Minuten weiter dünsten. Nach Bedarf würzen und anschließend zur Seite stellen.

3 Das restliche Öl erhitzen und die Pilze darin für 5 Minuten anbraten. Löschen Sie die Pilze mit etwas Sojasoße ab und dünsten Sie sie unter Rühren weiter an. Ebenfalls zur Seite stellen.

4 Sobald die Kartoffeln weich sind, die Oberseite der Länge nach einschneiden und behutsam auseinanderdrücken oder alternativ etwas aushöhlen.

5 Die Kartoffeln mit den Pilzen, dem Spinat, dem Käse und den Tomaten füllen. Bis der Käse geschmolzen ist, backen lassen, also für etwa 5-10 Minuten.

6 Den Sojaquark mit den Gewürzen und dem Zitronensaft nach Geschmack würzen und alles gut miteinander verrühren.

Tipp: Die veganen Alternativen zu Käse und Quark finden Sie mittlerweile auf Basis von zum Beispiel Mandeln in jedem gut sortierten Supermarkt!

GEBACKENER BLUMENKOHL

4 Port.

60 Min.

Leicht

Zutaten

1 Blumenkohl
0,5 TL Kreuzkümmel
0,5 TL Kurkuma
0,5 TL Zimt
1 TL Currypulver
4 EL Olivenöl
2 EL Sesamöl

Für das Blumenkohlöl:
Blätter vom Blumenkohl
1 Knoblauchzehe
Olivenöl
Salz, Pfeffer

Nährwerte

210,6 kcal
4,7 g Kohlenhydrate
19,0 g Fett
3,3 g Eiweiß

1 Heizen Sie den Holzbackofen auf 220 Grad vor.

2 Das Olivenöl, Sesamöl, Kreuzkümmel, Zimt, Curry und Kurkuma in einer Schüssel mit einer Prise Salz verrühren.

3 Den Strunk und die Blätter vom Blumenkohl abtrennen und zur Seite legen. Den Blumenkohl in Stücke schneiden und diese in der Ölmischung marinieren. Den Blumenkohl für 25 bis 30 Minuten backen.

4 Für das Blumenkohlöl die Blätter des Blumenkohls klein schneiden und in ein hohes Gefäß geben. Den Knoblauch hacken, dazugeben und alles mit Olivenöl, einer Prise Salz und Pfeffer pürieren.

5 Vor dem Anrichten etwas Pfeffer und das Blumenkohlöl über den Blumenkohl geben.

Tipp: Wenn Sie den Blumenkohl schön weich haben möchten, garen Sie ihn vor dem Backen noch etwas in heißem Wasser vor.

OFEN-CHICORÉE MIT TOMATEN UND GREMOLATA

2 Port.

50 Min.

Leicht

Zutaten

2 Chicorée
200 g Cocktailtomaten
4 EL Olivenöl
Salz

Für die Gremolata:
30 g Blattpetersilie
60 ml Olivenöl
1 EL Zitronensaft
1 Knoblauchzehe
1 TL Agavendicksaft

Nährwerte

586,3 kcal
14,0 g Kohlenhydrate
55,9 g Fett
4,7 g Eiweiß

1 Heizen Sie den Holzbackofen auf 200 Grad vor.

2 Halbieren Sie die Chicoréeköpfe und entfernen Sie die harten Enden. Die Hälften rundherum leicht salzen und mit 2 EL Olivenöl einreiben.

3 Eine Auflaufform mit dem restlichen Öl einfetten und mit der Schnittfläche nach unten die Chicoréehälften hinein legen. Stellen Sie sie für 20 Minuten in den Ofen.

4 Anschließend die Chicoréehälften umdrehen und die halbierten Tomaten dazugeben. Salzen Sie sie etwas und beträufeln Sie sie mit Olivenöl. Nochmal für 15 Minuten backen.

5 In der Zwischenzeit alle Zutaten für die Gremolata in ein hohes Gefäß geben, pürieren und mit Salz abschmecken.

6 Den Chicorée aus der Form nehmen und alles mit der Gremolata bestreichen.

Tipp: Dazu schmeckt Basmatireis besonders gut!

SÜẞKARTOFFELPOMMES

2 Port.

50 Min.

Leicht

Zutaten

750 g Süßkartoffel
1 TL Paprikapulver
2 EL Maisstärke
Aquafaba aus 1 Dose Kichererbsen
Salz, Pfeffer, Chili

Nährwerte

519 kcal
112,7 g Kohlenhydrate
2,6 g Fett
8,5 g Eiweiß

1 Schälen Sie die Süßkartoffeln und teilen Sie sie in ca. 1 cm dicke Pommes. Diese in eine große Schüssel mit kaltem Wasser geben und über Nacht stehen lassen.

2 Den Holzbackofen auf 230 Grad vorheizen.

3 Die Süßkartoffelsticks abtropfen lassen und in einem Plastikbeutel mit der Maisstärke vermischen. Die Pommes sollten anschließend gleichmäßig mit Stärke bedeckt sein.

4 Die Pommes in eine große Schüssel geben und mit Paprikapulver würzen. Schlagen Sie das Aquafaba mit einer Messerspitze Salz steif und geben Sie es zu den Süßkartoffeln. Mit den Händen unterheben.

5 Ein Stück Backpapier mit Öl bestreichen und die Pommes mit etwas Abstand zueinander darauf verteilen.

6 15 Minuten backen. Dann wenden und wieder 15 Minuten backen.

7 Schmecken Sie die Pommes nach dem Backen mit Pfeffer, Salz und Chili ab.

Tipp: Als veganer Ersatz für Eiweiß eignet sich die Flüssigkeit von Kichererbsen, das sogenannte „Aquafaba", ausgezeichnet. Es kann genauso steif geschlagen werden wie tierisches Eiweiß und hat keinen Eigengeschmack.

FALAFEL

2 Port.

25 Min.

Leicht

Zutaten

1 Dose Kichererbsen
1 Zwiebel
1 Knoblauchzehe
1 Bund Petersilie
2 EL Zitronensaft
1 TL Chiliflocken
1 TL Kurkuma
n. B. Koriander, Kreuzkümmel

Nährwerte

233 kcal
34,5 g Kohlenhydrate
4,5 g Fett
11,7 g Eiweiß

1 Heizen Sie den Holzbackofen auf 200 Grad vor.

2 Die Kichererbsen abtropfen lassen und dann alle Zutaten mithilfe eines Mixers vermengen. Wenn Sie keinen Mixer haben, können Sie die Kichererbsen auch mit einer Gabel zerdrücken. Die Zwiebel, den Knoblauch und die Petersilie fein hacken und mit dem Kichererbsenmus vermischen.

3 Mit den Gewürzen die Masse abschmecken. Formen Sie sie zu kleinen Bällchen.

4 Mit Wasser einpinseln und für 15-20 Minuten backen.

Tipp: Dazu schmecken Zaziki und Krautsalat sehr gut.

GRIECHISCHES BRIAMI

6 Port.

90 Min.

Leicht

Zutaten

1 Aubergine
2 Zucchini
4 Kartoffeln
500 g grüne Bohnen
1 Zwiebel
3 Knoblauchzehen
1 Dose Tomatenmark
1 Dose Pizzatomaten (425 ml)
2 Gläser Wasser
Salz, Pfeffer
n. B. Oregano, Olivenöl

Nährwerte

142,4 kcal
22,7 g Kohlenhydrate
1,8 g Fett
5,6 g Eiweiß

1 Heizen Sie den Holzbackofen auf 200 Grad vor.

2 Schneiden Sie die Zucchini, die Bohnen, die Aubergine und die Kartoffeln in mundgerechte Stücke. Den Knoblauch und die Zwiebel in feine Scheiben schneiden.

3 Den Boden einer Pfanne mit Olivenöl bedecken und die Kartoffeln und die Aubergine hinein geben. Kurz umrühren und für 30 Minuten backen.

4 Olivenöl in einen Topf geben. Den Knoblauch und die Zwiebel darin andünsten. Zucchini und Bohnen hinzugeben. Umrühren, dann 1-2 EL Tomatenmark und die Dose Pizzatomaten hinzugeben. Mit Salz, Pfeffer und Oregano würzen und für 20 Minuten kochen lassen.

5 Dann zu der Aubergine und den Kartoffeln in die Pfanne geben, umrühren und im abkühlenden Ofen für weitere 45 Minuten backen.

Tipp: Das Briami schmeckt auch am nächsten Tag noch sehr gut!

Pizza & Flammkuchen

GREEK PIZZA

8 Port.

60 Min.

Leicht

Zutaten

1 Päckchen Trockenhefe
500 g Mehl
1 TL Salz
0,5 TL Zucker
250 ml Wasser
1 EL Olivenöl
etwas Pizzasauce aus dem Glas
200 g Schafskäse
n. B. Peperoni aus dem Glas
1 EL Thymian
300 g Rinderhackfleisch
350 g geriebener Käse
n. B. Salz und Pfeffer

Nährwerte

498,8 kcal
46,5 g Kohlenhydrate
21,5 g Fett
29,0 g Eiweiß

1 Heizen Sie den Holzbackofen auf 320 Grad vor.

2 Das Mehl, die Trockenhefe, Salz, Zucker, Wasser und Öl gut durchmischen und den Teig an einen warmen Ort stellen. Ca. 40 Minuten ruhen lassen.

3 Den Teig kräftig durchkneten, kleine Kugeln formen und auf einer bemehlten Fläche ausrollen.

4 Verteilen Sie die Pizzasauce auf dem Teig.

5 Den Schafskäse klein hacken und mit dem Thymian vermengen.

6 Das Rindfleisch mit Pfeffer und Salz und anbraten.

7 Das Hackfleisch auf die Pizza geben und mit Peperoni belegen. Den Schafskäse darüber streuen und noch Reibekäse darüber geben. 2-4 Minuten backen.

DINNETE

4 Port.

2 h.

Leicht

Zutaten

250 g Mehl
0,5 Päckchen Trockenhefe
100 ml Milch
3 EL Wasser
2 EL Olivenöl
1 TL Salz
0,25 TL Zucker
200 g Schmand
1 Zwiebel
1 Stange Lauchzwiebel
50 g geriebener Käse
100 g roher Schinken
Salz, Pfeffer

Nährwerte

481,9 kcal
51,9 g Kohlenhydrate
21,6 g Fett
18,0 g Eiweiß

1 Heizen Sie den Holzbackofen auf 200 Grad vor.

2 Für den Hefeteig das Mehl, die Hefe, die Milch, das Wasser, das Öl, Zucker und Salz in eine Schüssel geben und für 12 Minuten kneten. Dann abgedeckt 1 Stunde ruhen lassen.

3 Die Zwiebel und Lauchzwiebel in feine Ringe schneiden und den Schinken in kleine Streifen.

4 Auf einer bemehlten Fläche den Teig in 4 identisch große Teile verkleinern und zu Fladen ausrollen.

5 Auf den 4 Fladen Schmand gleichmäßig verteilen und mit Schinken, Lauchzwiebeln und Käse garnieren. Mit Pfeffer und Salz abschmecken.

6 Die belegten Fladen noch 20 Minuten gehen lassen. Dann für 15 Minuten backen.

MEDITERRANER FLAMMKUCHEN

4 Port. 25 Min. Mittel

Zutaten

250 g Mehl
1 Päckchen Trockenhefe
0,5 TL Zucker
3 EL Olivenöl
125 ml Wasser
0,5 TL Salz
1 rote Zwiebel
80 g Kräuterfrischkäse
1 Knoblauchzehe
100 g geriebener Mozzarella
n. B. Rucola
1-2 Birnen
8 Cherrytomaten
2 EL Olivenöl
2 EL Zucker
1 EL Butterschmalz
2 EL Apfelessig
etwas Salz, Pfeffer

Nährwerte

345,1 kcal
17,3 g Kohlenhydrate
25,4 g Fett
10,7 g Eiweiß

1 Heizen Sie den Holzbackofen auf 350 Grad vor.

2 Für den Flammkuchenteig das Mehl, die Hefe, den Zucker, das Wasser, das Öl und das Salz verrühren und für 10-15 Minuten durchkneten. Den Teig für 45 Minuten ruhen lassen.

3 Den Teig in zwei Hälften teilen und beide Teile mit einem Nudelholz gleichmäßig ausrollen.

4 Die Birne schälen, in Scheiben zerschneiden und bei mittlerer Hitze mit dem Zucker karamellisieren.

5 Die Zwiebel in feine Ringe schneiden, den Knoblauch fein hacken. Beides im Butterschmalz anschwitzen lassen und mit einer Prise Pfeffer und Zucker würzen.

6 Den Rucola putzen, die Tomaten vierteln und beides miteinander vermengen. Für das Dressing Olivenöl und Apfelessig im 1:1-Verhältnis miteinander vermischen und Salz und Pfeffer dazugeben. Dressing mit Rucola und Tomaten vermengen.

7 Den Kräuterfrischkäse dünn auf dem Flammkuchenteig verstreichen. Darauf die angeschwitzten Zwiebeln, Birnen und den Mozzarella verteilen. Den Flammkuchen für 3-4 Minuten backen.

8 Den Flammkuchen nach dem Backen mit Rucola und Tomaten garnieren.

PIZZA MARGHERITA

8 Port.

60 Min.

Mittel

Zutaten

500 g Mehl
1 TL Zucker
1 TL Salz
300 ml Wasser
1 Päckchen Trockenhefe
4 Knoblauchzehen
400 g Tomaten aus der Dose
100 g geriebener Parmesan
250 g Mozzarella
n. B. Basilikumblätter
n. B. Olivenöl
n. B. Meersalz

Nährwerte

364,0 kcal
48,5 g Kohlenhydrate
10,2 g Fett
18,0 g Eiweiß

1 Heizen Sie den Holzbackofen auf 300 Grad vor.

2 Das Mehl, Salz, Zucker, das Wasser und die Hefe miteinander vermengen und für mehrere Minuten kneten. Zwei Stunden gehen lassen.

3 Teig erneut durchkneten und in vier Teile schneiden. Zu Broten rollen und auf einem Backblech weiter gehen lassen.

4 Die Dosentomaten in kleine Teile zerstückeln und den Parmesan reiben.

5 Den Mozzarella in 3 cm große Würfel schneiden. Knoblauchzehen würfeln und Basilikumblätter zerrupfen.

6 Mit einem Nudelholz die Pizzateige ausrollen. Dosentomaten mit dem Saft als Sauce auf die Pizzen geben. Mit etwas Olivenöl beträufeln und mit Meersalz bestreuen. Dann den Knoblauch und den Parmesan auf die Pizzen legen und wieder mit etwas Olivenöl beträufeln. Zum Schluss die zerrupften Basilikumblätter auf die Pizzen geben. Für 5 bis 8 Minuten backen.

VEGANER FLAMMKUCHEN

2 Port.

50 Min.

Mittel

Zutaten

250 ml Wasser
450 g Mehl
20 g Hefe
10 g Salz
15 ml Olivenöl
1 Prise Zucker
500 g Sojajoghurt
100 g Tofu
100 ml Pflanzensahne
Pfeffer, Salz
1 rote Zwiebel
2 Lauchzwiebeln
2 Tomaten

Nährwerte

599,3 kcal
90,8 g Kohlenhydrate
15,4 g Fett
20,8 g Eiweiß

1 Heizen Sie den Holzbackofen auf 240 Grad vor.

2 Hefe, Öl, Zucker und Salz im Wasser auflösen.

3 Geben Sie das Mehl mit Hefe und Wasser in eine große Schüssel. Alles zu einem glatten Teig verkneten und für 30 Minuten ruhen lassen.

4 In zwei Teile aufteilen und dünn ausrollen.

5 Tofu pürieren und mit dem Sojajoghurt und der Sahne vermengen. Mit Salz und Pfeffer abschmecken.

6 Den Schmand auf dem ausgerollten Teig verteilen. Zwiebeln und Tomaten in Ringe schneiden und auf dem Flammkuchen verteilen. Für 2-3 Minuten backen.

GEMÜSEPIZZA MIT SPIEGELEI

8 Port.

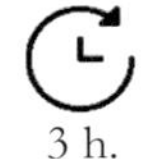
3 h.

Leicht

Zutaten

500 g Mehl
20 g frische Hefe
7 EL Olivenöl
1 TL Salz
1 Bund Thymian
1 Zwiebel
400 g passierte Tomaten
1 TL Zucker
1-2 EL Balsamicoessig
1 Prise gemahlener Kümmel
1 kleine Aubergine
2 Zucchini
150 g Kirschtomaten
4 Eier
200 g geriebener Käse
n. B. Chiliflocken

Nährwerte

466,2 kcal
53,2 g Kohlenhydrate
19,6 g Fett
17,1 g Eiweiß

1 Heizen Sie den Holzbackofen auf 250 Grad vor.

2 Hefe mit Mehl, Öl, Salz und Wasser für 10 Minuten zu einem gleichmäßigen Teig verkneten. Für 2 Stunden ruhen lassen.

3 Die Hälfte der Thymianblätter fein hacken und in den Teig kneten. Den Teig in 4 Portionen aufteilen und zugedeckt weiter ruhen lassen.

4 Die Zwiebel in Würfel schneiden und in Öl andünsten. Dazu die passierten Tomaten geben, aufkochen lassen und mit Pfeffer, Salz, Essig, Zucker Kreuzkümmel und Zimt würzen.

5 Die Zucchini, Tomaten und Aubergine in Scheiben schneiden. Die Zucchini und Aubergine in Öl anbraten und würzen.

6 Teigkugeln zu Pizzateig ausrollen, mit Sauce bestreichen und mit Gemüse belegen.

7 Eier in jeweils einem Glas aufschlagen und 1 Ei auf jede Pizza in die Mitte setzen. Den Käse drum herum verteilen.

8 Für 9-10 Minuten backen lassen und nach Geschmack mit Thymian und Chili bestreuen.

PIZZA SPINAT

8 Port.

60 Min.

Mittel

Zutaten

500 g Mehl
1 TL Salz
1 TL Zucker
1 Päckchen Trockenhefe
300 ml Wasser
700 g Blattspinat
200 g Frischkäse
200 g Schmand
Salz, Pfeffer, Muskat

Nährwerte

248,2 kcal
47,5 g Kohlenhydrate
12,2 g Fett
9,5 g Eiweiß

1 Heizen Sie den Holzbackofen auf 300 Grad vor.

2 Das Mehl, Salz, Zucker, die Hefe und das Wasser miteinander vermengen und für mehrere Minuten kneten. Zwei Stunden gehen lassen.

3 Teig erneut durchkneten und in vier Teile schneiden. Zu Broten rollen und auf einem Backblech weiter gehen lassen.

4 Den Spinat in grobe Streifen schneiden und in eine Schüssel geben.

5 Den Frischkäse und Schmand zum Spinat geben und gut verrühren. Mit Pfeffer, Salz und Muskat abschmecken.

6 Pizzen ausrollen und Spinatmasse darauf verteilen. Für 5-7 Minuten backen.

KÜRBISPIZZA

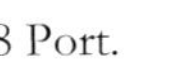

8 Port. | 2 h. 30 Min. | Mittel

Zutaten

275 g Mehl
180 ml Wasser
6 g Salz
0,5 g Trockenhefe
10 ml Olivenöl
150 g Schmand
70 g geriebener Käse
60 g Hackfleisch
1 TL Tomatenmark
100 g Hokkaido
3 Rosmarinzweige
100 g Feta
Salz, Pfeffer

Nährwerte

247,8 kcal
27,3 g Kohlenhydrate
10,5 g Fett
10,1 g Eiweiß

1 Heizen Sie den Holzbackofen auf 270 Grad vor.

2 Das Mehl, Wasser, Salz, Hefe und Olivenöl vermengen und für 7 Minuten kneten. 2 Stunden gehen lassen.

3 In einer Pfanne das Hackfleisch anbraten. Tomatenmark hinzugeben und anrösten. Mit ein wenig Wasser ablöschen und mit Salz und Pfeffer würzen.

4 Den Hokkaido in dünne Streifen schneiden.

5 Den Teig in zwei Portionen aufteilen und zu Pizzen auseinanderdrücken.

6 Den Schmand über den Teig verteilen und den Käse darauf verstreuen. Dann das Hackfleisch darüber geben und die Kürbisstreifen gleichmäßig verteilen. Nun den Feta darüber verstreuen und die Rosmarinzweige auf die Pizzen legen. Alles mit Pfeffer, Salz und Olivenöl würzen. Für 5-7 Minuten backen.

FLAMMKUCHEN MIT LACHS UND GRÜNEM SPARGEL

4 Port.

70 Min.

Leicht

Zutaten

250 g Mehl
125 ml Wasser
2 EL Olivenöl
200 g Crème fraîche
2 EL Dill
350 g grüner Spargel
400 g Lachsfilet
Salz, Pfeffer

Nährwerte

651,2 kcal
48,3 g Kohlenhydrate
35,6 g Fett
32,3 g Eiweiß

1 Heizen Sie den Holzbackofen auf 370 Grad vor.

2 Das Mehl, Wasser, Öl und eine Prise Salz für 3 Minuten zu einem glatten Teig verkneten. Im Kühlschrank für 30 Minuten ruhen lassen.

3 Die Crème fraîche mit dem gehackten Dill verrühren und mit Pfeffer und Salz abschmecken.

4 Den Lachs in ungefähr 1 cm dicke Scheiben schneiden. Den grünen Spargel waschen und die unteren Enden entfernen. Schälen und in 2-3 cm dicke Streifen schneiden.

5 Den Teig in 4 Portionen aufteilen und mit einem Nudelholz dünn ausrollen.

6 Die Crème fraîche darauf verteilen, dann den Spargel auf die Flammkuchen legen und zum Schluss den Lachs. Mit Salz und Pfeffer würzen. Für 2-3 Minuten backen.

ELSÄSSER FLAMMKUCHEN

4 Port.

50 Min.

Leicht

Zutaten

250 g Mehl
125 ml Wasser
2 EL Öl
200 g Schmand
200 g Crème fraîche
100 g Räucherspeck
2 Zwiebeln
n. B. Schnittlauch
Pfeffer, Salz

Nährwerte

616,3 kcal
49,6 g Kohlenhydrate
39,5 g Fett
13,9 g Eiweiß

1 Heizen Sie den Holzbackofen auf 370 Grad vor.

2 Das Mehl, Wasser, Öl und eine Prise Salz für 3 Minuten zu einem glatten Teig verkneten. Für 30 Minuten im Kühlschrank kühlen lassen.

3 Den Speck in Würfel, die Zwiebeln in dünne Ringe schneiden.

4 Den Schnittlauch klein schneiden.

5 Die Crème fraîche mit dem Schmand verrühren und mit Salz und Pfeffer würzen.

6 Den Teig in vier Stücke zerteilen und mit einem Nudelholz dünn ausrollen.

7 Den Teig mit der Creme bestreichen und mit Schinken und Zwiebeln belegen.

8 Für 2-3 Minuten backen und danach mit Schnittlauch garnieren.

Desserts

QUARKTEIGKÜCHLEIN

 18 Port.

 70 Min.

 Leicht

Zutaten

1 kg Mehl
250 g Zucker
250 g Quark
200 g Butter
10 g Salz
4 Eier
50 g Hefe
500 g Magerquark
240 ml Milch
50 g Stärke
Zitrone, Vanille, Salz
n. B. Obst als Einlage

Nährwerte

393,1 kcal
58,2 g Kohlenhydrate
11,8 g Fett
12,4 g Eiweiß

1 Heizen Sie den Holzbackofen auf 220 Grad vor.

2 Das Mehl, 150 g Butter, 150 g Zucker, den Quark, 2 Eier, die Hefe, das Salz und die Milch zu einem geschmeidigen Teig verkneten. 30 Minuten ruhen lassen. Dann den Teig in 100 g schwere Portionen teilen und rund formen. Für weitere 15 Minuten ruhen lassen.

3 Den restlichen Zucker mit der Stärke vermischen und die restlichen Eier zügig unterrühren. Nun den Magerquark unterrühren. Die Butter schmelzen lassen und durch die Masse ziehen. Mit Vanille, Zitrone und Salz abschmecken.

4 In die Küchlein eine Kuhle formen und die Quarkfüllung einfüllen. Für 20 Minuten backen.

SCHOKO-NUSS-BROWNIE

16 Port.

40 Min.

Leicht

Zutaten

200 g Butter
200 ml Öl
500 g brauner Zucker
1 Vanilleschote
4 Eier
400 g Mehl
30 g Kakao
160 g gehackte Nüsse
160 g flüssige Kuvertüre
200 g Sahne
200 g gehackte Kuvertüre
1 Prise Salz

Nährwerte

639,8 kcal
62,1 g Kohlenhydrate
39,5 g Fett
7,7 g Eiweiß

1 Heizen Sie den Holzbackofen auf 220 Grad vor.

2 Butter, Öl, Vanilleschote, brauner Zucker und Salz in einer großen Schüssel über einem Wasserbad mithilfe eines Schneebesens leicht schaumig rühren. Vom Wasserbad nehmen und Eier unterrühren.

3 Mehl und Kakao miteinander verrühren und die gehackten Nüsse langsam unter die Eimasse heben. Nun Mehl und Kakao hinzufügen.

4 Als Letztes die flüssige Kuvertüre zu der Masse geben.

5 Auf einem Backblech den Teig verteilen und verstreichen. Für 10-12 Minuten backen.

6 Für die Ganache die Sahne erhitzen und mit der gehackten Kuvertüre verrühren, bis sich eine Schokomasse bildet. Die Ganache nach dem Backen über die lauwarmen Brownies geben und gleichmäßig verstreichen.

SCHOKOBRÖTCHEN

12 Port.

8 h.

Mittel

Zutaten

Vorteig:
200 g Vollkornmehl
5 g Hefe
200 ml Milch

405 g Vorteig
350 g Mehl
60 g Butter
5 g Salz
70 g Zucker
1 Ei
5 g Hefe
200 g Schokodrops
100 ml Milch

Nährwerte

327,4 kcal
46,8 g Kohlenhydrate
11,4 g Fett
7,6 g Eiweiß

1 Heizen Sie den Holzbackofen auf 230 Grad vor.

2 Für den Vorteig alle Zutaten kräftig verrühren und für 5 Stunden gehen lassen.

3 Alle Zutaten außer den Schokodrops mit dem Vorteig für 8 Minuten langsam und für 4 Minuten schnell verkneten, damit ein homogener Teig entsteht.

4 Die Schokodrops zum Schluss vorsichtig unterheben. Den Teig für 30 Minuten gehen lassen.

5 Den Teig in 12 Portionen aufteilen und zu Brötchen formen. Für 90 Minuten ruhen lassen.

6 Brötchen mit dem Messer einschneiden und für 15 Minuten backen.

ZIMTKNOTEN

12 Port.

7 h.

Mittel

Zutaten

Vorteig:
100 g Vollkornmehl
100 ml Milch
5 g Hefe

205 g Vorteig
400 g Mehl
10 g Hefe
5 g Salz
65 g Butter
65 g Zucker
1 Ei
65 g flüssige Butter
40 g Zimt-Zucker-Mischung

Nährwerte

266,7 kcal
37,6 g Kohlenhydrate
10,0 g Fett
5,3 g Eiweiß

1 Heizen Sie den Holzbackofen auf 230 Grad vor.

2 Für den Vorteig alle Zutaten kräftig verrühren und für 5 Stunden gehen lassen.

3 Dann alle Zutaten bis auf die flüssige Butter und die Zimt-Zucker-Mischung für 8-10 Minuten zu einem homogenen Teig verkneten. Für 45 Minuten gehen lassen.

4 Den Teig zu einem Rechteck von 0,5 cm Dicke ausrollen. Mit der flüssigen Butter bestreichen und mit der Zimt-Zucker-Mischung bestreuen. Anschließend einmal zusammenklappen und zu 12 Strängen abstechen.

5 Die Stränge eindrehen, einmal verknoten und die Enden nach unten stülpen. Noch einmal 45 Minuten gehen lassen. Vor dem Backen mit etwas Ei bestreichen.

6 Die Zimtknoten für 17 Minuten backen lassen.

WHITE CHOCOLATE MACADAMIA COOKIE

10 Port.

60 Min.

Leicht

Zutaten

110 g Butter
85 g brauner Zucker
100 g weißer Zucker
1 Ei
0,5 TL Backpulver
165 g Mehl
100 g gesalzene Macadamia
90 g weiße Schokolade

Nährwerte

347,6 kcal
37,4 g Kohlenhydrate
20,0 g Fett
3,4 g Eiweiß

1 Heizen Sie den Holzbackofen auf 210 Grad vor.

2 Butter, Zucker und das Ei mit einem Schneebesen verrühren. Das Backpulver und das Mehl unterheben.

3 Die Macadamianüsse und die Schokolade hinzugeben und gut miteinander vermischen.

4 Für 30 Minuten den Teig in den Kühlschrank stellen, damit er beim Portionieren nicht verläuft.

5 Aus dem Teig 8-12 Kugeln formen und für 12-15 Minuten backen.

HEFEZOPF

12 Port. 3 h. Mittel

Zutaten

1 kg Zopfmehl
450 ml Milch
150 g Zucker
150 g Butter
2 Eier
40 g Hefe
5 g Salz
Saft und Schale einer Zitrone
Hagelzucker zum Bestreuen

Nährwerte

458,7 kcal
73,5 g Kohlenhydrate
12,6 g Fett
11,1 g Eiweiß

1 Heizen Sie den Holzbackofen auf 220 Grad vor.

2 Für 8-9 Minuten die Zutaten zu einem glatten Teig verkneten. Abgedeckt für 45 Minuten gehen lassen.

3 Den Teig in 4 Teile teilen und diese jeweils dritteln. Jede Portion zu einem Strang formen und aus jeweils 3 Strängen einen Zopf flechten. Nochmals für 30-54 Minuten gehen lassen.

4 Mit etwas Ei bestreichen, mit Hagelzucker bestreuen und für 30-40 Minuten gehen lassen.

Tipp: Zopfmehl ist eine Dinkel-Weißmehlmischung, die den Hefezopf besonders lecker macht. Sie können Zopfmehl in gut sortierten Supermärkten finden.

SÜßE DINNETE

8 Port.

2 h.
20 Min.

Leicht

Zutaten

1 kg Mehl
20 g Hefe
650 ml Wasser
6 Äpfel
200 g saure Sahne
100 ml Sahne
1 Ei
n. B. Zimt, Zucker
n. B. Mandelblättchen

Nährwerte

559,0 kcal
102,1 g Kohlenhydrate
8,6 g Fett
14,8 g Eiweiß

1 Heizen Sie den Holzbackofen auf 320 Grad vor.

2 Das Mehl, das Wasser und die Hefe für 8-10 Minuten zu einem gleichmäßigen Teig verrühren. Für 1 Stunde gehen lassen. Dann in 8 Stücke aufteilen und noch einmal für 1 Stunde ruhen lassen.

3 Die Äpfel schneiden und rein raspeln. Die saure Sahne mit der Sahne, dem Ei, Zimt und Zucker zu einer cremigen Masse verrühren.

4 Die Teigportionen mit bemehlten Händen zu Pizzen formen und die Apfelraspeln darauf verteilen. Dann jeweils 2-4 EL Sahnemischung darauf verteilen und mit Mandelblättchen bestreuen. Für 6-8 Minuten backen.

ERDNUSS-SCHOKO-CUPCAKES

18 Port.

60 Min.

Schwer

Zutaten

220 g Butter
50 g Erdnussbutter
300 g Zucker
5 Eier
200 g Mehl
100 g gehackte Erdnüsse
100 g ganze Erdnüsse
200 g Sahne
400 g Zartbitter-Kuvertüre
1 Prise Salz

Nährwerte

1263,3 kcal
37,9 g Kohlenhydrate
119,1 g Fett
8,3 g Eiweiß

1 Heizen Sie den Holzbackofen auf 220 Grad vor.

2 In einem Topf die 200 g Butter schmelzen lassen. Die Erdnussbutter, 200 g Zucker, die Eier, die gehackten Erdnüsse und das Mehl hinzugeben und für 4-5 Minuten zu einem Teig verrühren. In Muffinformen geben und für 18-20 Minuten backen.

3 Für das Schoko-Topping die Sahne aufkochen, vom Herd nehmen und sofort die Kuvertüre unterheben. Die Masse abkühlen lassen und für 2-3 Minuten aufschlagen, bis eine geschmeidige Masse entsteht. Die abgekühlten Cupcakes damit garnieren.

4 Für das Erdnuss-Krokant 100 g Zucker im Topf karamellisieren. 20 g Butter und ganze Erdnüsse sowie Salz unterheben. Die Masse auf Backpapier geben und auskühlen lassen. Krokant grob zerstoßen und die Cupcakes damit verzieren.

Tipp: Das Schokotopping können Sie noch mit einem Schuss Whiskey oder Rum verfeinern.

HAFERKEKSE

40 Port. 20 Min. Leicht

Zutaten

150 g zarte Haferflocken
50 g geschrotete Leinsamen
60 g Mehl
0,5 TL Backpulver
1 Ei
120 g Zucker
150 g Butter

Nährwerte

66,4 kcal
6,5 g Kohlenhydrate
3,9 g Fett
1,0 g Eiweiß

1 Heizen Sie den Holzbackofen auf 220 Grad vor.

2 Leinsamen, Mehl, Haferflocken und Backpulver gut vermischen.

3 Die Butter schaumig rühren, Ei und Zucker hinzugeben.

4 Nach und nach die Mehlmischung zu der Butter geben und gut vermengen.

5 Mit einem Teelöffel haselnussgroße Portionen abstechen und zu Kugeln gerollt auf ein Blech setzen. Für 5-7 Minuten backen.

Tipp: Sie können die Kekse zum Beispiel mit Zimt, Vanille oder Rosinen verfeinern!

GEFÜLLTER NUSSZOPF

4 Port.

2 h.

Schwer

Zutaten

1 kg Mehl
40 g Hefe
550 ml Milch
Saft und Schale einer Zitrone
300 g Zucker
5 Eier
5 g Salz
1 Ei zum Bestreichen
120 g Butter
400 g Haselnüsse
160 g Marzipan
20 g Stärke
1 Prise Zimt

Nährwerte

795,2 kcal
99,5 g Kohlenhydrate
34,1 g Fett
19,0 g Eiweiß

1 Heizen Sie den Holzbackofen auf 220 Grad vor.

2 Das Mehl, 450 ml Milch, 150 g Zucker, Hefe, Zitrone, Salz, 2 Eier und Butter für 10-12 Minuten zu einem gleichmäßigen Teig verkneten. Für 45 Minuten ruhen lassen.

3 Teig in vier Teile zerkleinern und zu rechteckigen Teigplatten ausrollen.

4 Für die Füllung die restlichen Eier unter das Marzipan rühren. Den Zucker, die Haselnüsse, Stärke, Milch und eine Prise Zimt miteinander verrühren und unter die Marzipanmasse geben.

5 Die Füllung auf die Teigplatten bestreichen und dann aufrollen.

6 Die Rollen längs halbieren und die Teile ineinander verdrehen. Für 30 Minuten ruhen lassen.

7 Anschließend mit einem Ei bestreichen und für 30-40 Minuten backen.

Brote

ROGGEN-DINKELBROT

2 Brote

2 h.

Mittel

Zutaten

1 kg Roggen-Dinkel-mehl-Mischung
740 ml warmes Wasser
20 g Hefe

Nährwerte pro Scheibe

95,5 kcal
19,3 g Kohlenhydrate
0,4 g Fett
2,7 g Eiweiß

1 Heizen Sie den Holzbackofen auf 280 Grad vor.

2 Zutaten für 8-10 Minuten zu einem Teig kneten. Für 20 Minuten gehen lassen.

3 Teig in zwei gleichgroße Stücke teilen und zu zwei Laiben formen. Noch einmal für 30-40 Minuten ruhen lassen.

4 Bemehlen und für 50-60 Minuten backen.

MILCHBROT

4 Brote

19 h.

Mittel

Zutaten

Für den Vorteig:
200 g Weizenmehl
200 ml Wasser
5 g Hefe

405 g Vorteig
800 g Mehl
60 g Butter
20 g Backmalz
20 g Salz
10 g Hefe
ca. 550 ml Milch

Nährwerte pro Scheibe

112,0 kcal
20,1 g Kohlenhydrate
1,8 g Fett
3,3 g Eiweiß

1 Heizen Sie den Holzbackofen auf 230 Grad vor.

2 Die Zutaten für den Vorteig verrühren und für 12-15 Stunden gehen lassen.

3 Alle weiteren Zutaten mit dem Vorteig zusammen für 8 Minuten zu einem Teig verkneten. Für 90 Minuten ruhen lassen.

4 Teig in vier Teile teilen, in Kastenformen geben und für 2,5 Stunden gehen lassen.

5 Die Brote mit Wasser besprühen, der Länge nach 1 cm tief einschneiden und für 35-40 Minuten backen.

EINKORNBROT MIT SAATEN

4 Brote

7 h.

Mittel

Zutaten

Für das Quellstück:
1 kg Einkornvollkornmehl
800 g Saatenmischung
1,5 l Wasser

3,3 kg Quellstück
1 kg Dinkelmehl
50 g Salz
40 g Hefe
40 g Roggensauerteig, getrocknet
350 ml Wasser

Nährwerte pro Scheibe

112,1 kcal
14,7 g Kohlenhydrate
3,3 g Fett
4,0 g Eiweiß

1 Heizen Sie den Holzbackofen auf 280 Grad vor.

2 Die Zutaten für das Quellstück miteinander vermischen und für 5 Stunden quellen lassen.

3 Die restlichen Zutaten mit dem Quellstück für 14 Minuten zu einem homogenen Teig verkneten. Eine Stunde ruhen lassen.

4 Den Teig in 4 gleichgroße Teile zerkleinern und runde Brote formen. In Saaten wälzen und für 30-45 Minuten ruhen lassen. Für 60 Minuten backen.

TOASTBROT

4 Brote

55 Min.

Leicht

Zutaten

Für den Vorteig:
90 g Mehl
90 ml Wasser
2 g Hefe

182 g Vorteig
785 g Mehl
20 g Salz
5-10 g Hefe
105 g Butter
20 g Backmalz
30 g Sauerteig
500 ml Milch

Nährwerte pro Scheibe

126,0 kcal
20,5 g Kohlenhydrate
3,1 g Fett
3,4 g Eiweiß

1 Heizen Sie den Holzbackofen auf 230 Grad vor.

2 Die Zutaten für den Vorteig zusammen vermengen und für 12-15 Stunden ruhen lassen.

3 Alle restlichen Zutaten mit dem Vorteig für 10 Minuten zu einem geschmeidigen Teig kneten. 2 Stunden ruhen lassen.

4 Den Teig in vier Teile zerkleinern und in Kastenformen setzen. 90 Minuten gehen lassen und für 12 Stunden in den Kühlschrank stellen.

5 Noch einmal für 60 Minuten bei Raumtemperatur gehen lassen und anschließend für 40 Minuten backen.

WALNUSS-WURZELBROT

4 Brote

20 h. 30 Min.

Schwer

Zutaten

Für den Weizensauerteig:
200 g Weizenmehl
200 ml Wasser
10 g Sauerteig

410 g Weizensauerteig
400 g Weizenmehl
400 g Emmermehl
10 g Hefe
550 ml Wasser
20 g Salz
250 g Walnüsse (gehackt, geröstet)

Nährwerte pro Scheibe

125,3 kcal
17,2 g Kohlenhydrate
4,2 g Fett
3,8 g Eiweiß

1 Heizen Sie den Holzbackofen auf 290 Grad vor.

2 Für den Sauerteig alle Zutaten miteinander verrühren und für 16-18 Stunden gehen lassen.

3 Den Sauerteig mit allen Zutaten außer dem Salz, 100 ml Wasser und den Walnüssen vermischen und 6 Minuten kneten. Nun die letzten 100 ml Wasser hinzugeben und weitere 6 Minuten kneten.

4 Nun das Salz hinzugeben und 2 Minuten weiter kneten. Vorsichtig die Nüsse unterheben.

5 Teig für 90 Minuten ruhen lassen. Alle 30 Minuten den Teig falten und dehnen.

6 Teig in 4 gleich große Teile portionieren und in Mehl drehen. 5 Minuten ruhen lassen. Für 30-35 Minuten backen.

WACHOLDER-ROSMARIN-BROT

2 Brote | 2 Tage 2 h. | Schwer

Zutaten

Für den Sauerteig:
250 g Roggenmehl
250 ml Wasser
12 g Sauerteig

450 g Roggenmehl
300 g Weizenmehl
512 g Sauerteig
20 g Salz
5 g Hefe
500 ml Wasser
3 g Rosmarin
6 g Wacholder
30 g Senf

Nährwerte pro Scheibe

93,6 kcal
19,0 g Kohlenhydrate
0,4 g Fett
2,6 g Eiweiß

1 Heizen Sie den Holzbackofen auf 290 Grad vor.

2 Die Zutaten für den Sauerteig miteinander vermischen und für 16-20 Stunden ruhen lassen.

3 Rosmarin und Wacholder vermahlen und mit dem Senf verrühren.

4 Alle Zutaten miteinander verkneten und für 20 Minuten gehen lassen.

5 Teig in 2 Teile teilen. Die Stücke zuerst rund und dann länglich formen. In Formen legen, abdecken und für 12-15 Stunden in den Kühlschrank geben.

6 Am nächsten Tag die Brote für 30 Minuten bei Raumtemperatur erwärmen lassen. Dann auf ein Blech stürzen, der Länge nach einritzen und für 50-55 Minuten backen.

CIABATTA

2 Brote

15 h.

Schwer

Zutaten

1 kg Mehl
24 ml Olivenöl
10 g Hefe
26 g Meersalz
800 ml Wasser

Nährwerte pro Scheibe

97,3 kcal
19,1 g Kohlenhydrate
0,9 g Fett
2,7 g Eiweiß

1 Heizen Sie den Holzbackofen auf 290 Grad vor.

2 Die Zutaten mit 600 ml Wasser für 6 Minuten zu einem elastischen Teig verkneten. Dann die restlichen 200 ml unterkneten und für weitere 4 Minuten auskneten.

3 Den Teig 30 Minuten ruhen lassen, dann falten und weitere 30 Minuten gehen lassen und abermals falten. Im Kühlschrank den Teig für weitere 12 Stunden ruhen lassen.

4 Aus dem Kühlschrank nehmen und bei Raumtemperatur für eine Stunde gehen lassen. Nun zwei Laibe aus dem Teig formen, noch einmal 10 Minuten ruhen lassen, einritzen und für 30 Minuten backen.

KRÄUTERBUTTER-BAGUETTE

5 Baguettes | 19 h. | Schwer

Zutaten

Für den Weizensauerteig:
60 g Weizenmehl
60 ml Wasser
5 g Sauerteig

125 g Weizensauerteig
540 g Weizenmehl
300 ml Wasser
12 g Hefe
12 g Salz
18 ml Öl

Für die Kräuterbutter:
250 g Butter
1 Knoblauchzehe
1 TL Kräutersalz
2 TL italienische Kräuter

Nährwerte pro Scheibe

159,8 kcal
16,8 g Kohlenhydrate
9,0 g Fett
2,5 g Eiweiß

1 Heizen Sie den Holzbackofen auf 280 Grad vor.

2 Die Zutaten für den Weizensauerteig miteinander vermengen und für 16 Stunden reifen lassen.

3 Für den Teig alle Zutaten miteinander vermengen und für 5 Minuten kneten. 75 Minuten ruhen lassen.

4 Den Teig in 5 Stücke aufteilen und zu Baguettes formen. 45-60 Minuten ruhen lassen.

5 Mit einem scharfen Messer im 45 Grad-Winkel schräg einschneiden und für 12 Minuten backen.

6 Die Zutaten für die Kräuterbutter vermischen und in Scheiben schneiden. Die Kräuterbutterscheiben in die Baguetteeinschnitte führen und für 10 Minuten fertig backen.

FRANZÖSISCHES BAGUETTE

8 Port.

20 h
30 Min.

Schwer

Zutaten

Für den Grießpoolish:
75 g Weizenmehl
150 g Hartweizengrieß
285 ml Wasser
2 g Hefe

512 g Grießpoolish
525 g Weizenmehl
220 ml Wasser
15 g Backmalz
18 g Salz
6 g Hefe

Nährwerte pro Scheibe

99,3 kcal
20,7 g Kohlenhydrate
0,3 g Fett
3,1 g Eiweiß

1 Heizen Sie den Holzbackofen auf 270 Grad vor.

2 Für den Grießpoolish alle Zutaten vermengen und für 18 Stunden stehen lassen.

3 Für den Teig das Grießpoolish mit den restlichen Zutaten (ohne Salz) für 15 Minuten verkneten. 2 Minuten vor Knetende das Salz hinzugeben. Teig 1 Stunde ruhen lassen.

4 Teig in 3 Portionen zerkleinern. Die Teiglinge auf 15 cm vorrollen und nach kurzer Entspannungszeit zum Baguette ausrollen. Enden leicht spitz ausformen.

5 Teiglinge in Hartweizengrieß rollen und für eine halbe Stunde gehen lassen.

6 Mit einem Messer schräg einschneiden und für 25-30 Minuten backen.